健身训练基础

（ 全 彩 图 解 修 订 版 ）

[英] 南希 · L. 纳特尼古拉（Nancy L. Naternicola） 著　徐晴颐 译

人民邮电出版社

北 京

图书在版编目（CIP）数据

健身训练基础：全彩图解修订版 /（英）南希·L.
纳特尼古拉（Nancy L. Naternicola）著；徐晴颐译
. -- 2版. -- 北京：人民邮电出版社，2020.2
ISBN 978-7-115-52797-4

Ⅰ. ①健… Ⅱ. ①南… ②徐… Ⅲ. ①健身运动—运
动训练—图解 Ⅳ. ①G883.2-64

中国版本图书馆CIP数据核字(2019)第279819号

版权声明

Copyright © 2015 by Human Kinetics, Inc.

All rights reserved. Except for use in a review, the reproduction or utilization of this work in any form or by any electronic, mechanical, or other means, now known or hereafter invented, including xerography, photocopying, and recording, and in any information storage and retrieval system, is forbidden without the written permission of the publisher.

保留所有权利。除非为了对作品进行评论，否则未经出版社书面允许不得通过任何形式或任何电子的、机械的或现在已知的或此后发明的其他途径（包括静电复印、影印和录制）以及在任何信息存取系统中对作品进行任何复制或利用。

免责声明

本书内容旨在为大众提供有用的信息。所有材料（包括文本、图形和图像）仅供参考，不能用于对特定疾病或症状的医疗诊断、建议或治疗。所有读者在针对任何一般性或特定的健康问题开始某项锻炼之前，均应向专业的医疗保健机构或医生进行咨询。作者和出版商都已尽可能确保本书技术上的准确性以及合理性，且并不特别推崇任何治疗方法、方案、建议或本书中的其他信息，并特别声明，不会承担由于使用本出版物中的材料而遭受的任何损伤所直接或间接产生的与个人或团体相关的一切责任、损失或风险。

内 容 提 要

本书是《健身运动系统训练（全彩图解版）》的修订版。全书共分 10 个步骤，从健身概述、健身测试与评估、健身目标、心肺运动、肌力与肌耐力、身体柔韧性、身体平衡力、核心力量与稳定性、身体营养和行为变化这 10 个方面让健身爱好者对健身有更系统全面的认识。同时，本书配有大量的真人实拍健身动作步骤图，直观地呈现了针对专项体育运动的肌肉锻炼方法。书中这些系统的健身训练，可使你拥有更健康的身体和生活方式。

◆ 著　　　　［英］南希·L. 纳特尼古拉（Nancy L. Naternicola）

　　译　　　　徐晴颐

　　责任编辑　寇佳音

　　责任印制　周昇亮

◆ 人民邮电出版社出版发行　　北京市丰台区成寿寺路 11 号

　　邮编　100164　　电子邮件　315@ptpress.com.cn

　　网址　http://www.ptpress.com.cn

　　北京七彩京通数码快印有限公司印刷

◆ 开本：700×1000　1/16

　　印张：14.25　　　　　　　　2020 年 2 月第 2 版

　　字数：274 千字　　　　　　 2024 年 11 月北京第 17 次印刷

　　著作权合同登记号　图字：01-2015-8114 号

定价：58.00 元

读者服务热线：(010)81055296　印装质量热线：(010)81055316
反盗版热线：(010)81055315
广告经营许可证：京东市监广登字20170147号

修订序

　　《健身训练基础（全彩图解修订版）》原名《健身运动系统训练（全彩图解版）》，于2016年首次出版。本书以科学、系统、全面的健身训练知识体系为基础，一方面详细介绍了健身的五大构成要素，帮助读者对健身有更加系统的认知；另一方面提供了健身水平评估的具体方法，帮助读者测试自身的健身水平，制订个性化的健身计划，进而有效提升训练效率。因此，本书受到了广大读者的认可。

　　为了进一步突出本书是为健身入门和初级爱好者量身定制的，直观地呈现书籍定位和特点，在本次修订中将《健身运动系统训练（全彩图解版）》更名为《健身训练基础（全彩图解修订版）》。

　　此外，由于旧版图书在内容表达上尚存在一些不足，本着严谨求实、对读者负责的态度，对书中内容进行了修订。修订后的书籍，内容更加准确，也将更加方便读者使用。

　　最后，如本书仍有疏漏或尚需改进之处，敬请同行专家以及广大读者指正。

2019 年 12 月

谨以本书献给我三个优秀的儿子亚伦、亚当和艾瑞克，感谢他们在本书创作过程中给予我的支持和鼓励。同时，我也想将本书献给我93岁的母亲弗兰·施密特，感谢她在我很小的时候就将对体育、健康和健身的热爱灌输给我。

目 录

攀登通往健身成功的阶梯

要做好爬楼梯的准备，这架楼梯会指引着你走向健康，让你对五大健身构成要素——心血管健康、肌力与肌耐力、柔韧性、平衡力、核心力量与稳定性——有更加深刻的理解。你不能一步登天，但却能一步一个台阶地慢慢爬到最高点。

市面上没有几本健身书写得简单易懂，让没有经验的健身者也能够很容易地理解书中信息，并且自信地加以运用。这些书中的健身术语大多令人困惑不解，而解析也云山雾罩，并且总是将太多信息一股脑地塞给读者。然而本书却采用了截然不同的方法，它并不指望一次解释或者一幅插图就足以让你对健身要素有深入的了解并运用得得心应手。相反，书中的每一个动作都配有详尽的锻炼步骤，并为你提供了足够多的进行自我评估的练习和机会。

本书主要关注两个方面。首先，它可以帮助你评估自己的健身水平，以此来确定你身体的哪些部位需要加强锻炼，哪些部位需要继续保持。其次，它能够提供设计健身计划所需的知识，帮助你改善或者维持那些部位的健康。我们首先要对健身有一个大致的了解，知道健身的构成要素以及运动训练原则。接下来你将会学到如何进行健康检查，以确保自己能够继续安全地进行体能测试。健康的自我评估包括心脏病、脉搏、血压、身体围度、体重指数以及人体参数的风险因素。然后就是体能测试，它将作为心血管健康、肌力与肌耐力、身体的柔韧性、平衡力以及中枢肌肉力量的基准。这些测试的结果有助于你明确自己是否需要对这些身体部位加以改善提高或者维持现状。一旦你知道自己应该做什么，你就会为达到自己理想的健身水平设定目标。而这些目标是基于你的兴趣、计划、生活方式以及健身水平而定的。一旦目标确定，那么关于健身构成要素的重要信息都会被一一展示，包括运动项目的优点和建议（频率、强度、时间和类型）。随之而来的就是对运动准备活动的介绍，比如选择有氧运动的类型、柔韧性练习以及各种不同的力量训练运动。基于这些基础信息，我们会介绍一些基本的训练项目，并配上对本书所推荐运动的具体训练技巧的描述。

对于最新的健身资讯以及高强度运动，我们会以极为谨慎的态度，循序渐进地加以介绍引入。举个例子，你在刚开始学习正确的运动技巧时，进行的肯定是较轻的负荷（重量）训练。之后，当你已经完全掌握了这项运动，就会向着负荷更重的方向前进。按照这种方式对运动项目和负荷训练进行组织和排序，不仅能够为你提供一个学习如何不必担心受伤风险即可完成训练的最好机会，而且会给你一个极大地改善肌肉耐力、力量、身体成分以及总体健康水平的机遇。使用身体重量或运动设备来锻炼某一部位肌肉的运动将会被一一展示。你也可以将平衡以及核心训练加入你的训练计划中。在完成针对五大健身构成要素的步骤4到步骤8后，你就会形成自己专属的健身计划，并真正开始健身之旅。

你会发现完成本书中运动的步骤与众不同，并且它们为你理解这项运动的技巧提供了一个有效途径。循序渐进的阐释再加上自我评价的活动使得本书成为最简明易懂的健身指南。

此外，本书也探讨了有关营养以及如何吃得更加健康的话题。而之后的内容则主要涉及行为、辨别自己的改变意愿以及利用各种策略来改变自己的行为。

你即将攀登的 10 个台阶循序渐进，其中的每一个台阶都是从前一个台阶简单过渡而来。楼梯的前 3 个台阶是你需要了解的基本信息，可以为你开启自己的健身之旅打下坚实的基础。随着自己不断地向上攀爬，你慢慢地就学会如何加入一个安全、高效的健身计划中。你也将学到何时以及如何对健身计划的强度进行必要的调整。当你靠近台阶的最高点时，你就会发现自己不仅对运动充满了自信，而且掌握了足以满足自己需求的健身知识。也许最为重要的是，你会对自己的健身水平、能量水平以及外表的改善而感到满意。

通向成功阶梯的方法是采取系统的方式，执行和教授每一个健身构成要素。你需要按照以下方法执行每一个步骤。

1. 阅读每一个步骤所涵盖的内容，为什么这个步骤必不可少以及如何执行每一个步骤所涉及任务的解释；它们可能是一项基本技巧、一个概念、一个方法或者三者兼有。
2. 一些技术性的图片可以为你精准地示范如何摆出各种身体姿势，按照图片的指引，你就可以正确地完成每项运动。图片展示了运动的每一个步骤。仔细查看每项运动描述后附带的失误部分内容，并在锻炼过程中利用这一信息对自己的动作进行必要的修正。
3. 在每一个步骤的最后，读一下成功小结并回答一些内容回顾问题，以确保自己已经准备好开始下一个步骤了。

在你为步骤 4 的有氧运动选择好强度和时间后，那么你基本上也就确定了步骤 5 中针对每一个身体部位的力量训练以及步骤 6 中针对每一个身体部位的柔韧性训练。然后你就可以将步骤 7 的平衡训练以及步骤 8 的核心力量训练加入你的健身计划中。解释说明，再加上例子和自我评测的机会，将会使你准备好迎接设计自己的健身计划的挑战。祝你在练就强壮、健康和具有魅力的体魄的旅程中顺利前行。这也将会是构建自信、获得成就以及收获乐趣的一次旅行。

致谢

在此我想要感谢 Human Kinetics 出版社的几位同人——贾斯汀·克鲁格、米歇尔·马洛尼、安妮·霍尔、尼尔·伯恩斯坦以及玛莎·古洛，他们对本书的创作和成书都功不可没。另外我也要感谢几位优秀且才华横溢的模特——卡拉·迈尔斯、布伦丹·马里内利、伊瑞克·丹巴、艾米莉·加德纳、卡尔文·摩尔、莎拉·盖、霍普·斯隆霍夫、凯莉·杜兰利和 格雷格·托马斯。

健身概述

如果我问你"健身"对你来说意味着什么,你会怎么回答?不同的人会给出不同的定义。它意味着身材苗条或者拥有某一特定的体形吗?或者饮食健康并且不碰比如烟草或毒品等有害物质?它意味着在健身房定期进行锻炼吗?事实上,所有的这些定义都是正确的。整体健身是一种健康状态,包括体重管理、肌肉力量和良好的营养。

如果你将定期进行锻炼看作健身的一部分,你得到的定义将会更加广泛。对一个人来说,肌肉力量可能意味着举重运动;而对另一个人来说,它可能意味着能够跑 10 英里(1 英里约合 1.61 千米)。但是今天谈到健身时,我们是指必不可少的五个截然不同的要素:有氧运动、阻力训练、柔韧性、平衡力和核心训练。在每个人的锻炼计划中,这五个要素缺一不可。在本书中,我们会对它们一一进行阐释,并解释它们之所以重要的原因。我们也会展示如何对每一个要素进行测量评估,这样你就能够据此设计健身计划,保持那些你已经达到或超过平均水平的要素,并改善处于平均水平之下或相差甚远的要素。

成功自测
- ☑ 健身意味着什么?
- ☑ 五大健身构成要素是什么?

健身的要素

对于健康来说,这五大要素中的每一个都至关重要,且它们的重要性旗鼓相当,不分彼此。不妨想一下组成汽车的部件:如果发动机熄火或轮胎瘪掉的话,漂亮的外表又有什么用呢?同样的道理,举重运动虽然可以让你拥有完美的体形,但却有可能跑不完 1 英里;跑者们能够以破纪录的时间跑完 1 英里,但却可能没有体力高质量地完成俯卧撑。

心肺耐力

心肺耐力是指心脏和肺部将氧气输送到工作肌肉加以使用的一种能力。这意味着它对肌肉的力量和耐力都有直接的影响。心脏是一块肌肉,也需要跟其他身体部位的肌肉一样强壮和高效。有氧运动不仅是所有运动的基础,而且还能保持心脏健康，也有助于预防很多健康问题。以下就是拥有一颗健康心脏会带来的诸多益处。

- 延长寿命。
- 增加身体中"好"的高密度脂蛋白胆固醇。
- 减少身体中"坏"的低密度脂蛋白胆固醇。
- 降低血压水平。
- 降低脉率，减轻心脏的工作负担。
- 有助于减轻或维持体重。
- 有助于预防心脏病和中风。
- 降低糖尿病的发作风险。
- 降低压力水平。
- 增强身体免疫力。
- 提高能量水平。
- 改善睡眠。

成功自测

- ☑ 什么是心肺耐力？
- ☑ 说出改善心肺耐力的五个好处？

阻力训练

阻力训练是指训练肌肉来抵抗外部力量，目的是增强肌肉耐力、增大肌肉体积、增加肌肉力量。阻力训练是你的健身计划中不可或缺的重要部分，因为强壮的肌肉可以造就健壮的肌腱，从而增加骨骼的强度和密度，降低患骨质疏松症的风险。

20岁之后，成年人平均每10年会损失掉5到7磅（1磅约合0.45千克）的肌肉。阻力训练有助于中止肌肉损耗，不管你处于任何年龄阶段，都可以帮助你重建肌肉！因为肌肉是一种非常活跃的组织，所以你如果不使用的话就会失去它。拥有健壮、健美的肌肉可以改善你完成日常活动的能力，比如进出浴缸、提购物袋等。以下是进行阻力训练的诸多益处。

- 有助于控制体重（增加能量的消耗）。
- 改善平衡力，降低受伤风险。
- 缓解下背部疼痛。
- 降低血压水平。
- 加快新陈代谢速度。
- 保持或增加关节的柔韧性。
- 有助于缓解关节炎带来的疼痛。
- 改善胰岛素敏感性和葡萄糖新陈代谢。

- 减少抑郁情绪。
- 改善大脑功能。
- 提升身体外观。

成功自测

☑ 什么是阻力训练？

☑ 为什么阻力训练对你的锻炼意义重大？

柔韧性

柔韧性是指某一关节的活动度。它是你进行锻炼的基础，因为你的肌肉活动范围受限于身体的柔韧性。关节过紧或限制关节的活动范围，导致你不得不用其他肌肉来对运动进行补偿。而这样会导致肌肉的不平衡，影响你的身体姿势、表现和运动效率。身体缺少了柔韧性也会导致独立性的缺失，例如，你无法弯腰修剪脚趾甲或者在厨房中够不到架子的高处。

将柔韧性训练加入你的锻炼中（在任何年龄均可）可以改善身体姿势，提高运动效率。同时在以下这些方面也有所助益。

- 减轻背部疼痛。
- 改善消化能力。
- 提高身体性能。
- 降低运动风险。
- 增强肌肉协调能力。
- 改善血液循环。

成功自测

☑ 什么是柔韧性？

☑ 为什么它非常重要？

平衡力

身体的平衡力是指在空间中控制身体姿势的能力。它包括本体感受，即身体如何从周围环境中获取信息（例如从椅子上站起来），并将信息传输给大脑。这一信息告诉肌肉怎么做才能够适应变化，从而保持身体的平衡。当这一系统超载，你就会失去平衡。不管你是一动不动地站着（静平衡）还是不停地运动（动平衡），你的身体都会不断地进行调整，以防止摔倒。虽然你可能会认为拥有良好的平衡力只对体操运动员或者花样滑冰运动员有意义，但是定期进行平衡力训练可以改善你的身体姿势和协调能力，增强运动能力和身体性能，有助于预防受伤和跌倒。

成功自测
- ☑ 什么是平衡力？
- ☑ 什么是本体感受？
- ☑ 为什么要将平衡力训练加入你的锻炼中？

核心力量与稳定性

核心肌群负责四肢的伸展、弯曲和躯干的扭动。它们由许多决定身体姿势的肌肉层组成。强化和调整这些肌肉可以降低背部疼痛和脊柱损伤的风险，改善身体性能，从而使身体拥有更好的协调和平衡能力。因此，所有的运动都少不了核心训练这一坚实的基础。

成功自测
- ☑ 什么是核心肌群？
- ☑ 为什么强健的核心肌群至关重要？

为什么进行基线测量如此重要

如果不知道自己站在何处，你怎么知道朝哪个方向前行呢？基线测量就是通向你健身计划的路线图。完成由健康检查和健康测试组成的基线测量，你不仅能够知道自己站在何处，而且能够清楚地明白自己的健身计划中需要哪些运动项目来改善或维持现有的健身水平。你需要强化或伸展特定的肌肉群来获得更标准的姿势或更优异的运动表现吗？改善平衡力？你需要做出怎样的改变才能使身体成分（脂肪量和非脂肪量比）维持在健康基线内？在刚开始进行有氧运动、肌肉和柔韧性训练时应当保持怎样的运动强度？

更重要的是，基线测量可以充当筛查工具，表明你在开始执行健身计划之前是否需要咨询医生。它也可以发现你不适宜进行的运动项目。此外，基线测量也可以让你追踪自己的健身进度，可以充当激励工具以及设定健身目标的参照因素。这些测量都简单易行，在家里就可自行完成。尽管其中一些测试可能需要朋友或家人的帮助，例如围度测量以及姿势检查等，但绝大多数都可独立进行。对于这些测试你无须有任何的恐惧心理——只要记住你只是在为健身计划的进行收集数据而已，而这些健身计划对你的健康、时间和健身水平都会产生积极影响。

成功自测
- ☑ 基线测量包括哪两个方面？
- ☑ 说出应当进行基线测量的三个原因。

FITTE 原则

健身五大要素中的每一个都有你必须遵循的一套规则，这样你才能从健身计划中获益。FITTE 原则就是这些规则的首字母缩写。你可以利用这些原则建立指南，建立起可以满足个人需要和健身水平的健身计划。此外，这些指南可以帮助你设定目标，设计适合自己的健身计划。它也可以帮助你走出减肥和避免无聊的停滞状态。

频率（Frequency）

频率是指你在一周时间内完成运动的次数，如表 1.1 所示。请记住这些只是指导方针，你需要根据自己的基线测量结果进行修改，而每一个要素都有自己的一套规则。

表 1.1　不同类型运动的频率要求

有氧运动	
熟练程度	频率
中等（最大心率的 40% ~ 60%）	5 天 / 周
剧烈（超过最大心率的 60%）	3 天 / 周
中等和剧烈的组合	3 ~ 5 天 / 周
阻力训练	
熟练程度	频率
初级或目前尚未进行训练	2 ~ 3 天 / 周
中级	3 ~ 4 天 / 周
高级	4 ~ 5 天 / 周
柔韧性训练	
熟练程度	频率
最低限度	2 ~ 3 天 / 周
首选	5 ~ 6 天 / 周
平衡训练	
熟练程度	频率
初级	3 天 / 周
中级 / 高级	2 ~ 3 天 / 周

续表

核心力量与稳定性训练	
熟练程度	频率
初级 / 中级 / 高级	2 ~ 3天 / 周

来源：American College of Sports Medicine, 2010, *ACSM's guidelines for exercise testing and prescription*, 8th ed. (Philadelphia: Wolters Kluwer), 153 (cardio), 173 (flexibility); T.R. Baechle, R.W. Earle, and D. Wathen, 2008, Resistance training. In *Essentials of strength training and conditioning*, 3rd ed., edited for the National Strength and Conditioning Association by T.R. Baechle and R.W. Earle (Champaign, IL: Human Kinetics), 389 (resistance training); Canadian Fitness Professionals, 2012, *Foundations of professional personal training* (Champaign, IL: Human Kinetics), 54 (flexibility); V.H. Heyward and A.L. Gibson, 2014, Advanced fitness assessment and exercise prescription, 7th ed. (Champaign, IL: Human Kinetics), 353 (balance); Human Kinetics, 2010, *Core assessment and training* (Champaign, IL: Human Kinetics) (core).

运动强度（Intensity）

在所有的 FITTE 原则中，运动强度是最重要和最复杂的因素之一，因为测量有氧运动中的强度与阻力训练不同，如表 1.2 和表 1.3 所示（进行谈话测试和 RPE 的说明参见步骤 4）。如果你没有按照正确的强度水平进行训练的话，那么健身水平的提高就会受影响。

表 1.2　评估有氧运动强度

有氧运动水平	健身等级	强度最大心率	谈话测试	主观用力程度分级 0~10
久坐不动：极度适应	差	30% ~ 45%		1~2
最低限度运动：中度到高度适应	差 / 中等	40% ~ 55%		3
不定时体育锻炼：中度到轻度适应	中等 / 一般	55% ~ 70%		4 ~ 5
日常的身体锻炼：中度到高强度运动	一般 / 良好	65% ~ 80%		6 ~ 7
习惯性锻炼：高强度运动	良好 / 优秀	70% ~ 85%		8 ~ 9

表 1.3 **阻力、平衡力、核心力量以及柔韧性训练的最适强度**

阻力、平衡力与核心力量		
训练目标	组数	次数
整体健身	1 ~ 2 组	8 ~ 15 次
肌肉耐力	2 ~ 3 组	>12 次
肌肉肥大	3 ~ 6 组	6 ~ 12 次
肌肉力量	2 ~ 6 组	<6 次
柔韧性		
柔韧性	肌肉紧张但未到疼痛的程度	

来源：Adapted, by permission, from T.R. Baechle, R.W. Earle, and D. Wathen, 2008, Resistance training. In *Essentials of strength training and conditioning,* 3rd ed., edited for the National Strength and Conditioning Association by T.R. Baechle and R.W. Earle (Champaign, IL: Human Kinetics), 406; W.L. Westcott, 2003, *Building strength and stamina*, 2nd ed. (Champaign, IL: Human Kinetics).

运动时间（Time）

运动时间是指每一项运动持续的时间长度，而每一个健身要素所用的时间都各不相同。根据美国运动医学会的指导方针，有氧运动可根据强度的不同，持续10 ~ 60分钟不等。

当谈到运动时间，阻力训练则要复杂得多，因为它要取决于你所进行的运动类型。将8 ~ 10种的重量训练机轮流做一遍就至少要花15分钟时间，反之，针对每一个肌肉群所进行的多项目和多次数的常规运动就可能花费高达45分钟的时间。

至于伸展运动，美国运动医学会的指导方针指出每一个伸展动作至少坚持10 ~ 30秒钟。一旦时间长度超过30秒钟，由于身体的伸展反射，肌肉就会开始收缩。

平衡训练和核心力量训练也可以归为锻炼计划中的阻力训练部分，遵循相同的指导原则。

运动类型（Type）

如今我们有大量的运动类型可以选择，而这些运动是十几年前并不存在的。你无须在设计和实施一个完整的锻炼计划时加入健身装备，你也不需要购买昂贵的健身器材。

有氧运动可以在健身房、你家附近的露天场地或起居室里进行，其范围包括在传统的跑步机、踏步机或其他健身设备上进行的运动，团体健身课程、跑步、拳击以及篮球和美式壁球等运动。

阻力训练在近几年来也在不断地进化发展。除了传统的力量训练器，你还可以选择营地课程、壶铃、TRX 体能训练、健身教程 DVD 或者在自己家的起居室里按照需要进行相关的健身活动。

柔韧性要素也在随着时间而演化。现在我们能看到不少静态课程，并且如今我们也比以前更加关注灵活性和拉伸。你所进行的柔韧性训练应当兼顾到所有主要的肌肉群，并重点关照肌肉较为紧张的部位。主要的肌肉群应当包括股四头肌、

臀肌、背肌和胸肌等大型肌肉，而腘绳肌、下背部肌肉、胸肌和小腿肌肉是容易
产生紧绷感的部位。

享受乐趣（Enjoyment）

近年来又新添了最后一个要素——享受！如果你不能从自己的行为中获得乐
趣的话，那么你就看不到长期的成功。享受当下的运动能够帮助你坚持完成锻炼
计划，并使你从中获得无限动力。

成功自测
☑ 首字母缩写 FITTE 代表什么？
☑ 说出几项现在可以进行的新兴运动。

运动训练的原则

为了更好地设计并实施健身计划，你就一定要理解运动训练的原则，它将指
引着你更好地遵循 FITTE 原则。运动训练的原则是专一、可逆、过载和逐步发展。

专一

专一原则指进行特定的训练或运动将会产生特定的结果。例如，如果你想要
变得更加强壮，你就需要一个阻力训练计划；如果你想要跑步，你就一定要遵循
一个跑步计划；如果你想要更加擅长网球运动，你就需要加强网球训练。

可逆

简单地说，可逆原则意味着你要么使用要么失去。当你停止运动，你所取得
的训练效果就会逐渐消失，而消失的速度则取决于你之前的训练以及停止运动的
时间长度。

过载

过载原则指身体所产生的变化，比如变得更加强壮、更加灵活，必须对身体
施加额外的压力。举个例子，如果你想用 10 磅重的哑铃进行肱二头肌弯曲运动，
但是感觉难度较大，而你的身体最终会适应这一挑战（变得更加强壮）。为了继
续增强体力，你一定要增加额外的压力，例如更重的哑铃、额外的几组练习或者
多做几次训练。这一原则适用于所有的健身要素。

逐步发展

逐步发展是进行超负荷运动的速率。新手刚开始时一定要慢慢来，逐步增加运动负重，这样可以给身体一个适应的机会，降低受伤或者肌肉酸痛的风险。同时它也会给结缔组织（韧带和关节）和肌肉一些时间来适应，并为强度更大的运动做好准备。健身器械越无条件，逐步发展的速率就越低。

在阻力训练中，多进行几次训练、增加负重或多做几组练习。心肺的逐步发展首先应当将运动时间至少延长至30分钟，然后再增大运动强度，例如跑步机上的下坡跑模式。

知道怎样设计一个健身计划，更懂得如何实施这些原则，这对你健身目标的实现意义重大。

成功自测

☑ 说出训练的四大原则。

☑ 这些训练原则将会如何帮助你制订运动计划？

健身小结概述

健身是一项终身的事业，不是那种你取得一些成就然后就可以抛诸脑后的东西。它包括几大要素，并且它们处于同等重要的位置。了解这些要素的重要性，再加上运动训练原则，它们能帮助你找到通往健康的正确轨道。请记住，这是能够提升你人生品质的一次旅程，它将会对你所做的一切都产生影响。

在迈出下一步之前

1. 在家里找一块儿你能够进行自我评估的地方。
2. 将所有可能妨碍你的物品都清理干净。
3. 请一位朋友或家人从旁协助，并为自我评估设置一个日期。

测试与评估

测试与评估是健身的重要构成部分，因为它可以披露你目前的健康以及健身状况。如果不了解自己身处何方，那你如何知道该朝哪个方向前进？这些测量值提供了一个基线——一个能够帮助你设立目标、监控运动进展以及提供动力的起点。

测试的第一部分就是健康检查，包括明确心脏病、血压、脉搏、身体组成以及人体参数的风险因素。第二部分是针对平衡力、肌肉力量和耐力、身体的柔韧性和心血管健康的体能测试。弄清楚每一个部位的评估结果将有助于你健身计划的制订，在加强自己的薄弱部位的同时保持现有优势。本书的结尾部分是一张评估表，用来记录你的健康和健身数据。

健康检查

健康检查的信息可以帮助你明确罹患心脏病的风险因素，以及有健康和受伤风险的身体部位，并据此来判断在开始运动计划之前是否需要咨询保健专业医生。检查健康可借助两个简单工具完成：一份体能现状的调查问卷以及对心脏病风险因素的评估。

体能现状的调查问卷是一项筛选工具，主要用来判定任何准备开始进行锻炼计划的运动者的安全和风险因素（见图2.1）。你需要仔细阅读每一个问题。根据调查问卷结果，如果你对其中一个或以上问题给出了肯定答案的话，那么在进行健康测试或开始一个健身计划前有必要咨询一下医生。如果所有的答案都是否定的话，那么你无须医生的确认，基本上就可以断定自己可以开始一个中等强度的锻炼计划了。

评估你的体能现状

如果你对以下任何一道问题给出肯定答案的话，那么在进行健康测试或开始一个健身计划前有必要咨询一下医生。

是　　否

——　　——　　你的年龄是否超过了55岁（女性）或45岁（男性），并且没有做运动的习惯？

——　　——　　你是否有心脏病史？

——	——	是否曾有医生警告过你的血压过高？
——	——	你是否正在服用治疗心脏病或高血压的处方药？
——	——	你是否经历过心绞痛、严重的眩晕或昏厥？
——	——	你是否有哮喘等呼吸道疾病史？
——	——	你的骨骼、肌肉、肌腱或韧带（尤其是肩部、背部或膝盖部位）是否曾进行过外科手术或者有可能会因为运动而进一步恶化的健康问题？
——	——	是否还有其他导致你无法进行重量训练计划尚未提及的身体或健康原因？

图 2.1 体能现状调查问卷

来源：Reprinted, by permission, from T.R. Baechle and R.W. Earle, 2014, *Fitness weight training*, 3rd ed. (Champaign, IL: Human Kinetics), 17.

心脏病的风险因素

美国心脏协会网站上的在线计算器是一个功能全面且简单易用的工具。它可以预测你心脏病发作或者在 10 年之内死于心脏病的风险。单击鼠标，你就会被问到诸如年龄、身高、体重、性别和家族史等问题。另外你也需要回答一些关于目前健康状况的问题，例如抽烟、糖尿病和胆固醇。请记住，这项对于心脏病的筛查结果仅仅只是一个预测，而非对心脏病发作或不久之后罹患心脏病的预言。这些数据结果并不是一份医疗报告，而是一个帮助你确定在开始锻炼计划之前是否需要得到医生确认的工具。假如结果表明你现在正处于健康风险中，那么你最好还是请医生确认一下自己的身体状况。

成功自测

☑ 完成这份调查问卷以及对心脏病风险因素的评估。登录美国心脏协会网站，使用心脏病发作风险计算器计算一下自己是否正处于风险中。如果有必要的话可以请医生确认一下。

血压

血压是血液流动对血管壁产生的压力，是人体最主要的生命体征之一。收缩压（最大值）是心脏收缩时血液对动脉产生的压力，而舒张压（最小值）是在心脏跳动和再次充血之间，心肌舒张时血液对动脉产生的压力。许多地方都可以提供血压检查的服务，比如医生的办公室、药房、工作场所、健身俱乐部以及当地的一些医疗活动。你也可以购买家用的自动血压测量计，它操作简便并且可以直接读取数据。

在检查血压之前，务必排空膀胱，身体舒适且放松。将袖子比较紧的衣服解开，并休息 2 ～ 10 分钟。测量时你的胳膊应置于与心脏齐平的高度，且双脚平放于地面。

将袖口挽到肘关节 1 英寸（1 英寸合 2.54 厘米）以上的位置，然后按照血压测量计的说明书开始测量。将血压读数与表 2.1 对比，如果你的收缩压读数在 140 或以上，或者舒张压读数在 90 或以上（其中任意一个数字偏高），就要咨询一下自己的医生了。恰当的运动能够降低血压。

表 2.1　成年人的血压分类

收缩压	舒张压	范围
正常	< 120	< 80
高血压前期	120 ~ 139	80 ~ 89
高血压 I 期	140 ~ 159	90 ~ 99
高血压 II 期	> 160	> 100

来源：U.S. Department of Health and Human Services, National Heart, Lung, and Blood Institute, *The seventh report of the Joint National Committee on Prevention, Detection, Evaluation, and Treatment of High Blood Pressure.* (Bethesda, MD: NIH Publication No. 03–5233, December 2003).

成功自测

- ☑ 测量自己的血压。保证自己在测量之前能够坐下并放松 10 分钟，且双脚平放于地面。
- ☑ 在评估表上记录自己的血压数据。血压是在正常范围内吗？如果两个数字中任意一个较高，建议咨询一下自己的医生。

心率

你的脉搏就是心脏跳动的频率，在运动中又被称为心率，即每分钟心脏跳动的次数（bpm，每分钟节拍数）。正常的静息心率是 40 ~ 100 次 / 分钟不等；平均为 60 ~ 80 次 / 分钟。你的心血管功能越强，你的静息心率就越低，因为心脏本身变得更加强壮，能够更有效地输送血液。这样你的心脏并不需要那么拼命地工作！

造成心率升高的因素有很多：压力、尼古丁、疾病以及天气炎热。如果一个身体健康的人静息心率升高的话，这表明他可能是训练过度了。

每周 5 次、每次 30 分钟进行适当强度的有氧训练，或者每周 3 次、每次 30 分钟完成高强度的有氧训练，可以使每周的静息心率放慢一拍。

据美国心脏协会透露，计算静息心率的最佳时间是在早上起床之前。要测量自己的脉搏次数，应做到以下几点。

- 要用除拇指以外的手指寻找脉搏，因为拇指也有自己的脉搏。
- 用大拇指根部在腕关节内侧找到桡动脉脉搏。你也可以在脖子的任意一侧找到颈动脉。
- 从 0 开始，计算 10 秒钟内自己的脉搏跳动几下。
- 乘以 6。
- 利用表 2.2 评估自己的静息心率。

表 2.2　正常的静息心率

成年人（包括老年人）	每分钟 60 ~ 100 次
训练有素的运动员	每分钟 40 ~ 60 次

成功自测

- ☑ 测量自己的静息心率（脉搏）。测量脉搏前要静坐 10 分钟。
- ☑ 使用拇指之外的手指测量脉搏。
- ☑ 测量颈动脉时手指按压的力度要轻。
- ☑ 在评估表上记录自己的静息心率，看看自己的心率是否在正常范围内。

体成分

你的身体由脂肪和非脂肪（肌肉、骨骼、器官和血液）组成。脂肪可以使身体分泌出恰当的激素、神经系统正常工作、保护器官、保持体温。如果男性的体脂率小于 5%，女性的体脂率小于 8%，那么这些正常的身体功能就会被破坏。假如缺少锻炼，在 20 岁之后到 60 岁之前，每隔 10 年，身体的体脂率会增加 1%~3%，这一数字到 60 岁之后则逐渐下降。

皮褶厚度

由于体成分不同，两个高度相同、体重相等的人看上去却会截然不同。为了确定体成分，你首先应该弄清楚身体脂肪的重量或百分比。测量皮褶厚度就是确定脂肪量的方法之一。皮褶测试可以测量皮肤下的脂肪量或者说是皮下脂肪，它大概能占到整个身体脂肪量的一半。皮褶厚度计用来测量男性或女性任意部位的脂肪厚度，根据所采用的测量方法的不同，受测部位为 3 ~ 9 个。虽然测试结果有 3% ~ 5% 的可能性过高或过低，但这依然是一个估算脂肪体积的好办法。并且由于这个测试的管理和评估需要一定的技巧，所以需要动用专业人员才能确保测试的准确性。

生物电阻抗测量

生物电阻抗测量（Bioelectric Impedance Assessment，BIA）被认为是测量身体脂肪量最可靠、最简便的手段之一。这些设备（价格为 25 ~ 250 美元不等）可分为手持式和脚踩式两种。手持式设备可以更加精准地反映上半身的情况，脚踩式设备则对下半身状况反映得更加精准。具体情况可参看图 2.2。设备将微弱的电子信号传输到体内，以此来测量身体组织产生的阻力。你需要将与年龄、体重、身高和性别相关的几个问题输入到设备程序中。假如你使用的是手持式设备的话，那么你需要双脚分开站立，双臂前伸并按下开始按钮。大约 7 秒钟后，你的体脂率和重量就会显示在屏幕上。至于脚踩式设备，你需要光着脚踩住电极，然后等待屏幕上显现的测试结果。虽然测试结果有 3% ~ 5% 的可能性过高或过低，但依

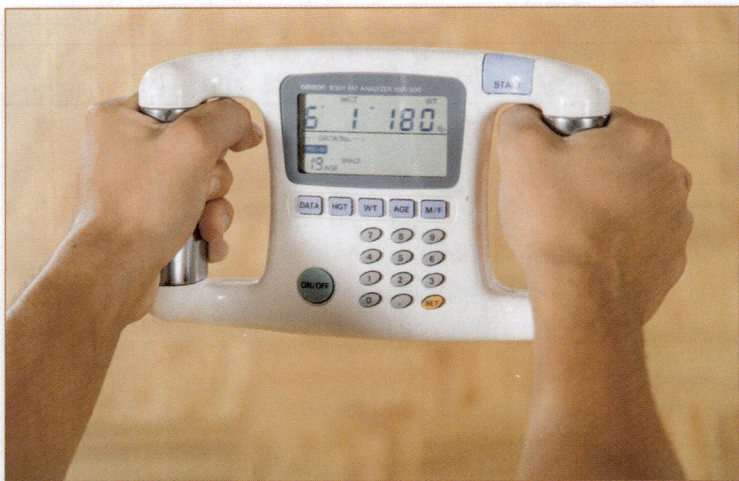

图 2.2　生物电阻抗测量设备

然可以与皮褶厚度测量相媲美。为了使测试结果尽可能地更加精确，你需要遵循以下原则。

- 测试前的 4 小时内严禁饮食。
- 测试前的 12 小时内严禁锻炼。
- 测试前的 30 分钟内小便。
- 测试前的 48 小时内严禁饮酒。
- 测试前的 7 天内严禁服用任何利尿剂。

每隔 6 ~ 8 周，你就需要评估一次自己的体成分，因为如果身体健康状况不佳或者缺乏锻炼的话，每个月的脂肪损耗大约是 1%。减少的也许是身体额外的重量，但是也有可能是身体水分或肌肉组织。

体重指数

第三种是一种间接测量方式——体重指数（Body Mass Index，BMI），利用身高和体重来计算身体的脂肪量。这种测量方法广泛应用于学校和内科，因为你的体重指数与脂肪密切相关，并且它简单快捷、价格低廉、实用性强。

由于这是一种间接测量方式，因此体重指数并没有考虑到这样的情况，即男性和女性的指数即使相同，男性的身体脂肪量也比女性的少；老年人的身体脂肪量普遍比年轻人多。并且由于肌肉比脂肪重，肌肉体积较大的人群，如运动员或军人，也要比普通人的 BMI 指数高（肥胖）。例如，篮球运动员迈克尔·乔丹在巅峰时期的 BMI 指数是 29，按照标准他属于超重人群；但是他的腰围竟然还不到 30 英寸！如果想要确定自己的 BMI 指数，你可以参看图 2.3。

身高 / 体重 (BMI)

图例：过轻（黄色） · 正常（浅蓝色） · 超重（橙色） · 肥胖（紫色）

体重\身高	4'6"	4'7"	4'8"	4'9"	4'10"	4'11"	5'0"	5'1"	5'2"	5'3"	5'4"	5'5"	5'6"	5'7"	5'8"	5'9"	5'10"	5'11"	6'0"	6'1"	6'2"	6'3"	6'4"
250	60	58	56	54	52	50	49	47	46	44	43	42	40	39	38	37	36	35	34	33	32	31	30
245	59	57	55	53	51	49	48	46	45	43	42	41	40	38	37	36	35	34	33	32	31	31	30
240	58	56	54	52	50	48	47	45	44	43	41	40	39	38	36	35	34	33	33	32	31	30	29
235	57	55	53	51	49	47	46	44	43	42	40	39	38	37	36	35	34	33	32	31	30	29	29
230	55	53	52	50	48	46	45	43	42	41	39	38	37	36	35	34	33	32	31	30	30	29	28
225	54	52	50	49	47	45	44	43	41	40	39	37	36	35	34	33	32	31	31	30	29	28	27
220	53	51	49	48	46	44	43	42	40	39	38	37	36	34	33	32	32	31	30	29	28	28	27
215	52	50	48	47	45	43	42	41	39	38	37	36	35	34	33	32	31	30	29	28	28	27	26
210	51	49	47	45	44	42	41	40	38	37	36	35	34	33	32	31	30	29	28	28	27	26	26
205	49	48	46	44	43	41	40	39	37	36	35	34	33	32	31	30	29	29	28	27	26	26	25
200	48	46	45	43	42	40	39	38	37	35	34	33	32	31	30	30	29	28	27	26	26	25	24
195	47	45	44	42	41	39	38	37	36	35	33	32	31	31	30	29	28	27	26	26	25	24	24
190	46	44	43	41	40	38	37	36	35	34	33	32	31	30	29	28	27	27	26	25	24	24	23
185	45	43	41	40	39	37	36	35	34	33	32	31	30	29	28	27	27	26	25	24	24	23	23
180	43	42	40	39	38	36	35	34	33	32	31	30	29	28	27	27	26	25	24	24	23	22	22
175	42	41	39	38	37	35	34	33	32	31	30	29	28	27	27	26	25	24	24	23	22	22	21
170	41	40	38	37	36	34	33	32	31	30	29	28	27	27	26	25	24	24	23	22	22	21	21
165	40	38	37	36	34	33	32	31	30	29	28	27	27	26	25	24	24	23	22	22	21	21	20
160	39	37	36	35	33	32	31	30	29	28	27	27	26	25	24	24	23	22	22	21	21	20	19
155	37	36	35	34	32	31	30	29	28	27	27	26	25	24	24	23	22	22	21	20	20	19	19
150	36	35	34	32	31	30	29	28	27	27	26	25	24	23	23	22	22	21	20	20	19	19	18
145	35	34	33	31	30	29	28	27	27	26	25	24	23	23	22	21	21	20	20	19	19	18	18
140	34	33	31	30	29	28	27	26	26	25	24	23	23	22	21	21	20	20	19	18	18	17	17
135	33	31	30	29	28	27	26	26	25	24	23	22	22	21	21	20	19	19	18	18	17	17	16
130	31	30	29	28	27	26	25	25	24	23	22	22	21	20	20	19	19	18	18	17	17	16	16
125	30	29	28	27	26	25	24	24	23	22	21	21	20	20	19	18	18	17	17	16	16	16	15
120	29	28	27	26	25	24	23	23	22	21	21	20	19	19	18	18	17	17	16	16	15	15	15
115	28	27	26	25	24	23	22	22	21	20	20	19	19	18	17	17	16	16	16	15	15	14	14
110	27	26	25	24	23	22	21	21	20	19	19	18	18	17	17	16	16	15	15	15	14	14	13
105	25	24	24	23	22	21	21	20	19	19	18	17	17	16	16	16	15	15	14	14	13	13	13
100	24	23	22	22	21	20	20	19	18	18	17	17	16	16	15	15	14	14	14	13	13	13	12
95	23	22	21	21	20	19	19	18	17	17	16	16	15	15	14	14	14	13	13	13	12	12	12
90	22	21	20	19	19	18	18	17	16	16	15	15	15	14	14	13	13	13	12	12	12	11	11

图 2.3　BMI 体重指数表

来源：Reprinted, by permission, from C.B. Corbin and R. Lindsey, 2005, *Fitness for life*, 5th ed. (Champaign, IL: Human Kinetics), 81.

15

成功自测

☑ 从上文提及的三种方法中任选一种来计算自己的体成分。

☑ 在评估表上记录自己的体脂率。看看在自己所处的年龄段和性别中是否处于正常水平。

围度测量法

围度测量法是测量特定身体部位围度的方法，包括胸部、腰部、臀部、大腿、小腿和肱二头肌。开始进行健身计划后定期测量自己的身体围度十分重要，因为在刚开始锻炼的 6 ~ 8 周内围度减小但体重不变的情况十分普遍。其原因主要有两个。首先，你的身体在燃烧脂肪组织（脂肪占据了身体大量空间），构建肌肉组织（肌肉的密度要大得多）。所以，体重不变但看上去身材变得更加娇小是完全有可能的！其次，绝大多数人的身体脂肪都储存在上腹部，因此身体中部的围度减小说明你在变瘦。如果你健身的目标之一就是减肥的话，相比体重秤上显示的数字，这能够让你获得更大的动力。你可能会注意到牛仔裤的腰身部分变得松松垮垮，双臂更加紧实苗条（肌肉更多）。开始健身计划后的前 6 ~ 8 周，体重秤显示你的体重又增加了 1 ~ 2 磅，这种情况并不罕见。清楚这一点，不要让自己灰心丧气——自己一定可以瘦下来的！

另一方面，如果你想要增大肌肉体积，如胸肌和肱二头肌，围度测量法是监控自己健身进度的不二之选。通过了解自己的肌肉是否在不断增长，你就可以知道自己是不是已经达到稳定阶段，或者你的健身计划需要进行调整。

尽管弹簧式的特定卷尺可以让你很方便地进行围度测量，但是你最好还是能够找一个人用塑料尺每隔 6 ~ 8 周为你测量一次。同时你的各项数据也最好由同一个人进行评估，以确保一致性。

每个身体部位都要坚持用标记进行标注。要想使测量结果尽可能地精确，请遵照表 2.3 的指南和说明进行测量。

表 2.3　身体测量指南

| 肩膀 | 在肩胛骨顶端下方 2 英寸处测量肩围 | 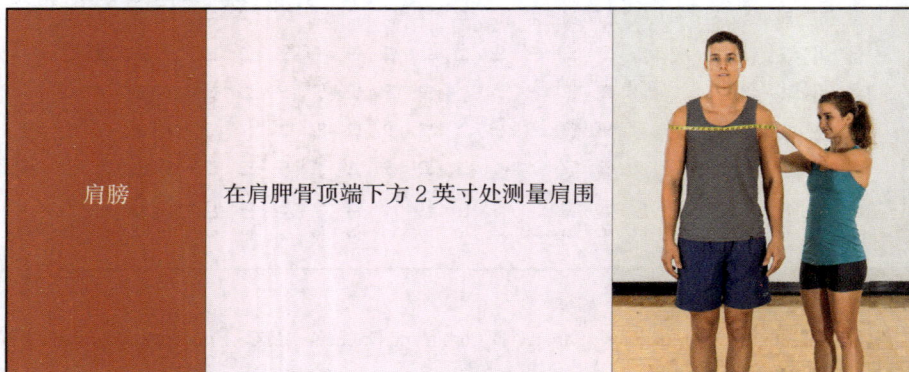 |

续表

胸部：男性	在乳头位置测量胸围	
胸部：女性	测量上胸围（胸部上方）	
腰部	测量腰部最细处的腰围	

续表

臀部	测量臀部最宽处的围度	
大腿	测量髋骨和膝盖骨中间部位的围度	
肱二头肌	测量肩部和肘关节中间部位的围度	

- 穿紧身衣。
- 测量身体右侧关节。
- 每次测量都要做标记。
- 软尺应与身体接触，但不要按压皮肤。
- 借助镜子来确保尺子平齐。

成功自测

- ☑ 使用卷尺或请其他人测量你的身体围度。
- ☑ 将测量结果记录在评估表上。

姿势

姿势指身体应对重力的动作调整和位置。不论你是在站立、走路、玩耍、睡觉还是工作，重力都会对你的关节、结缔组织和肌肉施加压力，危害身体健康。不良的姿势不仅会对肢体训练及其效果产生影响，而且对消化、排泄和呼吸也有一定的作用。不良的姿势是由下列几种因素共同造成的。

- 职业压力。
- 肌肉失衡（肌肉虚弱无力且缺乏柔韧性）。
- 过度肥胖。
- 床垫质量差。
- 受伤、跌倒或发生意外。
- 工作区设计粗劣。
- 鞋子不合脚且足部有问题。

良好的姿势不仅可以减轻关节的压力，帮助肌肉正常工作，预防背部疼痛、减轻身体疲劳，而且有助于提升外部形象。如果没有良好的姿势，你就不可能拥有健康的体魄，也不能进行有效的身体锻炼。明确哪些部位的肌肉不平衡（哪块肌肉应当被拉伸，哪块肌肉应当被强化）是制订健身计划的关键。

最简单的姿势分析就是视觉评估，它可以发现任何可能存在问题的身体部位。你也可以请当地的脊柱按摩师，利用他的专业知识进行相关的评估和建议。要评估自己的身体姿势，就要穿紧身衣站在镜子前。双目微闭，深呼吸几次，然后全身放松，恢复正常的站立姿势。有家人或朋友从前部和一侧的角度拍几张照片就更好了。利用表2.4帮助你评估自己的身体姿势。

表 2.4 **姿势评估指南**

	侧面图	正面图
良好的姿势	·下巴与地面平行 ·双耳与肩部在一条直线上 ·肩部位于髋关节正上方（不要前倾） ·挺胸	·双耳平行 ·双肩水平 ·两侧髋关节对齐 ·双臂位于身体两侧（两侧肘部和腰部之间的距离相等）

续表

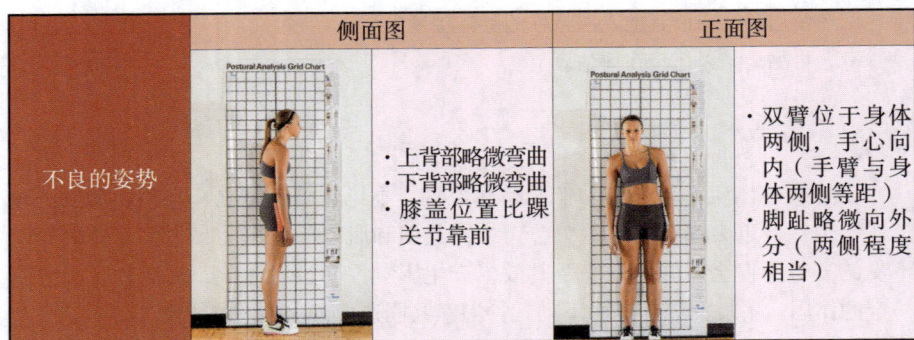

不良的姿势	侧面图	正面图
	· 上背部略微弯曲 · 下背部略微弯曲 · 膝盖位置比踝关节靠前	· 双臂位于身体两侧，手心向内（手臂与身体两侧等距） · 脚趾略微向外分（两侧程度相当）

成功自测

☑ 评估自己的姿势。这些评估结果如何帮助你评价自己的健康水平？

☑ 在评估表上记录评估结果。

体能测试

体能测试可以很好地反映你的健康水平。身体的特定部位以及发挥特定功能的肌肉可能需要进行强化或拉伸，这要取决于你的日常活动。体能测试包括不同层次的平衡力测试、锻炼上肢力量的俯卧撑测试、加强下肢力量的蹲踞测试以及强化核心力量的卷腹测试。

平衡力

本体感觉（平衡力）是身体理解和利用空间中身体姿势信息的一种能力。它能够让你不用眼睛看就可以控制四肢。双脚脚后跟发出的信号、内耳与重力间的关系以及你所看到的一切都会刺激身体，调动活跃或不活跃肌肉，以维持身体最佳的姿势。每次当你站起来、下台阶、举重、穿衣、抱孩子或踮起脚尖时，你的身体都会如此。改善身体的平衡力可以提高身体的协调能力和姿势（以及运动技能），从而增强身体的稳定性，降低受伤风险。以下就是你可以尝试的三种平衡力测试。

单腿平衡测试

请一位朋友或家人为你计时。成年人应该有能力保持 30 秒钟的平衡。

1. 按照图 2.4 所示的方法，站在坚硬的地面上。
2. 一只脚抬离地面，膝盖弯曲呈 90 度角。
3. 闭上双眼开始计时。如果完成测试有困难的话，你的眼睛也可以不闭。
4. 当眼睛睁开时就停止计时，将高抬的脚放下，否则你的身体就会开始摇晃。
5. 重复做三次，计算平均数。

图 2.4　单腿平衡测试

隆伯格与加强版隆伯格平衡测试

这项测试有两个版本，如图 2.5a 和图 2.5b 所示，至于采用哪一个则要取决于个人能力。如果你的身体在任何一个测试中都会发生摇晃，则说明你的平衡力有待加强。

1. 双脚并拢站立，双臂在上胸部位交叉。
2. 闭上双眼开始计时。
3. 保持这一动作满 1 分钟。
4. 双脚前后对齐站立，双臂在上胸部位交叉。
5. 闭上双眼开始计时。
6. 保持这一动作满 1 分钟。

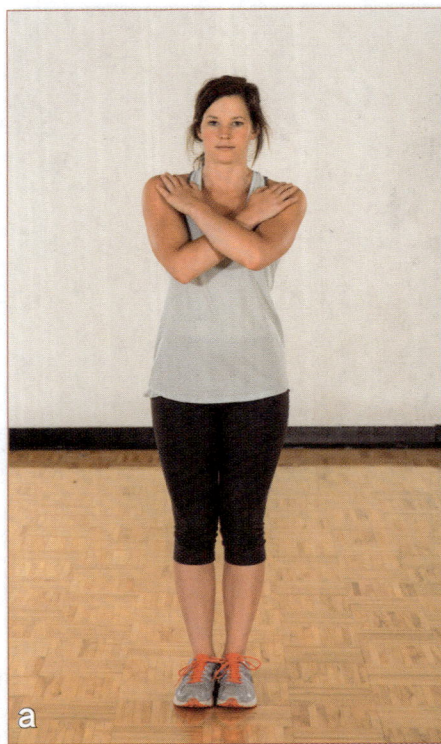

图 2.5　a. 隆伯格平衡测试　　　　　　　　　b. 加强版隆伯格平衡测试

鹳鸟站立测试

　　这是一项级别更高的测试，不仅可以检测你的平衡力，而且可以测试平衡持久力。从三次测试中选取成绩最好的那次。如果双手离开髋部、足部脱离腿部、支撑腿移动或者脚后跟碰触地面的话就停止计时。可参看图 2.6 的范例。

1. 站立在坚硬的地面上。
2. 双手扶住髋部。
3. 单腿站立，一只脚抵住另一条腿的膝盖下方位置。
4. 支撑腿的脚后跟从地面抬起，并开始计时。
5. 另一条腿重复以上动作。
6. 每条腿尝试三次，选取成绩最好的那次。
7. 尽量坚持这一姿势 10 秒钟不变。

图 2.6　鹳鸟站立测试

成功自测

☑　自己亲自完成平衡力评估测试，并将测试结果记录在评估表上。基于测试结果你可以得出怎样的结论？

上肢力量与耐力训练

　　上肢，尤其是胸部、肩部、肱三头肌和核心肌群的力量和耐力是整体健康状况的重要表现。对于任何一个人而言，要想轻松且毫无风险地完成日常活动，如搬运杂货、背书包和拿洗衣篮等，上肢的力量和耐力都至关重要。我们一生的大部分时候以及各类竞技运动也有赖于强健的上肢肌肉的力量和耐力，支撑身体脊柱，维持平衡。

　　上肢的每块肌肉都有自己的功能，会对日常运动产生影响。在一项运动、活动或工作中过度使用一块肌肉就会造成肌肉失衡。身体前侧肌肉比背部更加强壮，或者左侧肌肉比右侧更加有力。图 2.7 和图 2.8 所展示的俯卧撑测试以及与之对应的图 2.9a 和图 2.9b 都是常见的体能测试，用来评估上肢肌肉的力量和耐力。

俯卧撑测试

- 以脸朝下的姿势作为开始动作，前身几乎与地面保持平行。
- 男性一定要做标准的俯卧撑（脚趾着地）；女性可以选择进行改良版的俯卧撑（双膝着地）或者进行 1 分钟的标准俯卧撑测试。
- 双臂抬高直至完全伸直，然后下压，与地面距离控制在 4 英寸范围内。
- 尽可能多做几次俯卧撑；这项测试没有时间限制。

图 2.7　俯卧撑标准姿势

图 2.8　俯卧撑改良姿势

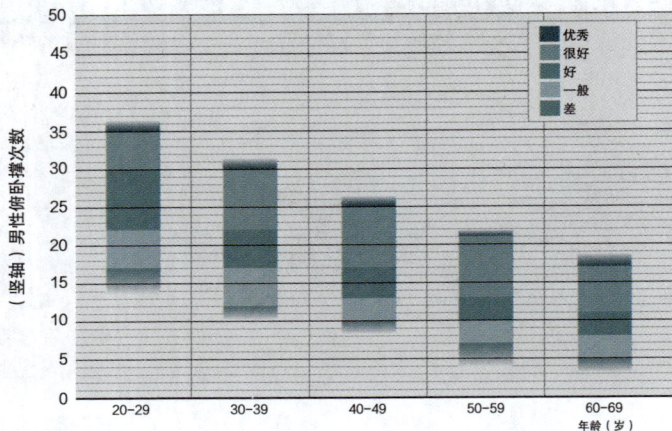

图 2.9a   男性俯卧撑测试

来源：Adapted from Canadian Society of Exercise Physiology, 2003, The *Canadian physical activity, fitness & lifestyle approach: CSEP–Health & Fitness Program's health–related appraisal & counselling strategy* (Ottawa, ON: CSEP), 7–47.

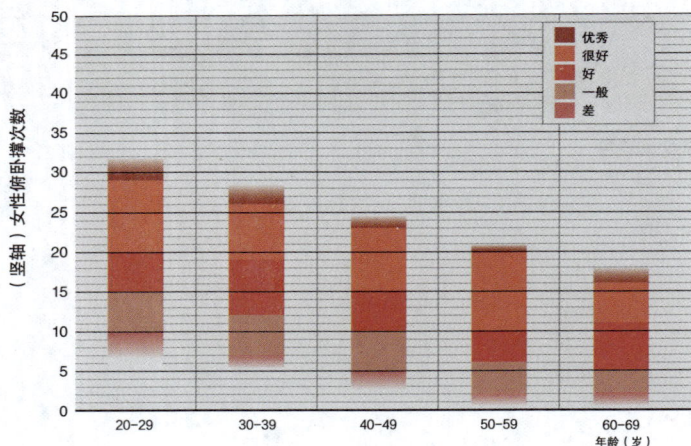

图 2.9b   女性俯卧撑测试

来源：Adapted from Canadian Society of Exercise Physiology, 2003, The *Canadian physical activity, fitness & lifestyle approach: CSEP–Health & Fitness Program's health–related appraisal & counselling strategy* (Ottawa, ON: CSEP), 7–48.

成功自测

☑ 进行俯卧撑测试。

☑ 在评估表上记录自己的成绩。

腹肌耐力

图 2.10、图 2.11a 和图 2.11b 所示的卷腹测试可以测量腹肌的力量和耐力。与完整的仰卧起坐相比，这是一种反映腹部肌肉力量的更加安全、可靠的方式，因为它并不需要调动强大的臀屈肌。强壮的腹肌不仅可以为脊柱提供支撑，使身体姿势更加标准，并且它们对于平衡和功能性运动也大有裨益。从双臂到双腿的任何运动要么是由核心肌群发出，要么需要调动核心肌肉。

卷腹测试

- 将两条胶带分开贴在地板上，中间间隔 3.5 英寸（大约 9 厘米），或者借助垫子的边缘即可。
- 面朝上仰躺，指尖正好能够触到第一条胶带，或是距离垫子边缘 3.5 英寸处，同时肩部放松。
- 卷腹直至指尖碰到第二条胶带或垫子边缘，然后身体下压直至肩部碰到地板，在这一过程中双手始终放在地板上。
- 在 1 分钟时间内尽可能多做几次。

图 2.10 卷腹标准姿势

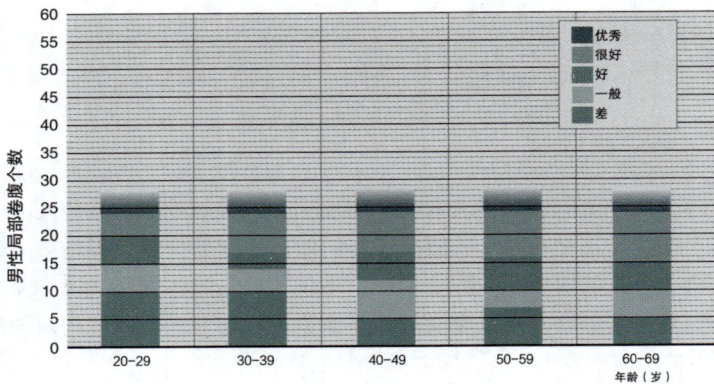

图 2.11a   男性卷腹测试

来源：Adapted from Canadian Society of Exercise Physiology, 2003, *The Canadian physical activity, fitness & lifestyle approach: CSEP–Health & Fitness Program's health–related appraisal & counselling strategy* (Ottawa, ON: CSEP), 7–47.

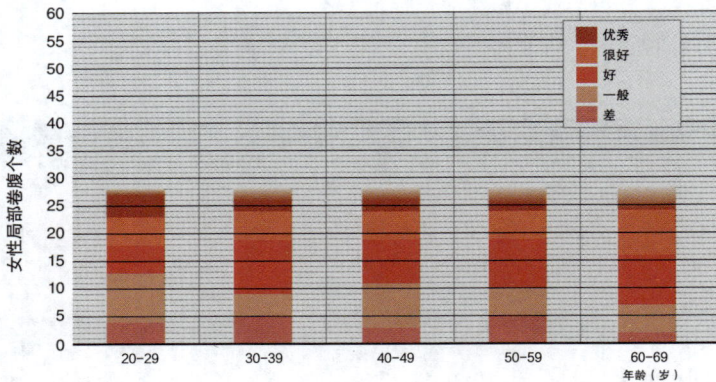

图 2.11b   女性卷腹测试

来源：Adapted from Canadian Society of Exercise Physiology, 2003, *The Canadian physical activity, fitness & lifestyle approach: CSEP–Health & Fitness Program's health–related appraisal & counselling strategy* (Ottawa, ON: CSEP), 7–48.

成功自测

- ☑ 进行卷腹测试并记录自己的成绩。
- ☑ 在评估表上记录自己的成绩。

下肢力量和耐力

当你跑步、走路、爬楼梯或坐在椅子上时，拥有全身最大肌肉群的下肢就是支撑你身体的基础。下肢力量和耐力对于身体的持久力、关节的稳定性、平衡性和活动能力至关重要，它们能够使日常活动变得更加简单，并且有助于预防过度损伤。而对于那些参加终身体育运动或竞技类运动的人们来说，下肢力量和耐力更是不可或缺。

许多人都有这样的错误看法，即如果自己进行了大量的有氧训练的话，就没有必要对下肢进行专门的训练。下肢拥有全身最大的肌肉，除了增强骨骼强度外，它们还支撑着你一半的身体，所以你当然需要使它们保持健壮！

靠墙坐

- 身体站直，背部紧贴墙壁，双脚距离墙壁约 12 英寸（约 30 厘米）。
- 身体下移，直至大腿与地面保持平行，形成如图 2.12 所示的恰当角度。
- 开始计时，以图 2.13a 和图 2.13b 作为参考。

图 2.12　靠墙坐标准姿势

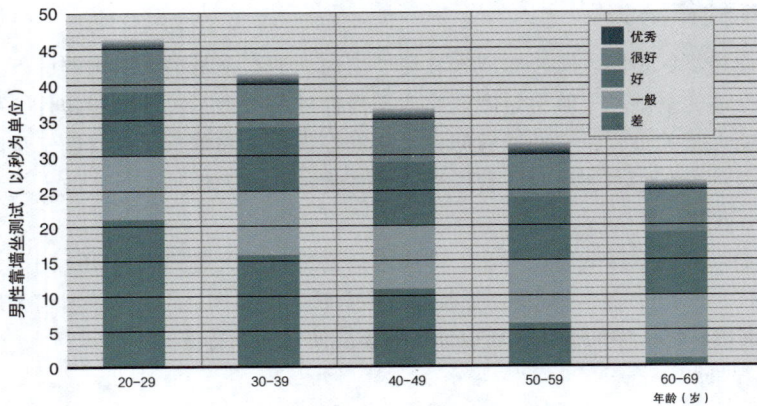

图 2.13a　男性靠墙坐测试

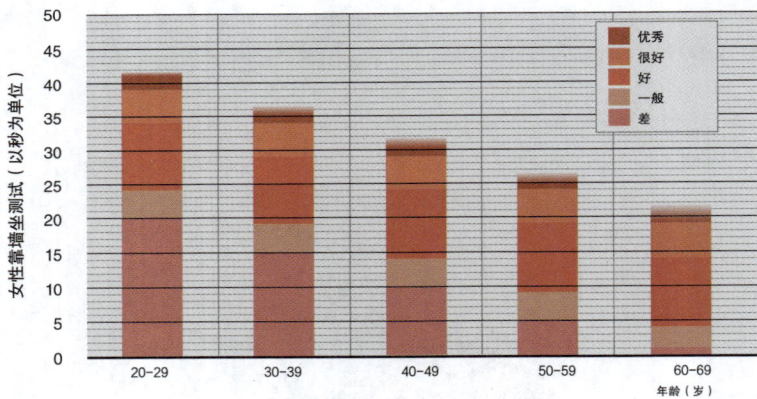

图 2.13b　女性靠墙坐测试

成功自测

- ☑ 进行靠墙坐测试。
- ☑ 在评估表上记录自己的成绩。

柔韧性

柔韧性是指关节的活动度。如果关节无法活动，肌肉就无法正常工作，从而对日常活动或运动成绩产生影响。失去了柔韧性可能会导致身体酸痛或者平衡紊乱，而影响它的因素包括：性别、年龄、遗传、节点构造、肌肉失衡、受伤、脂肪以及活动水平。

随着年龄的增长，身体的柔韧性会变得越来越差，因此使身体能够维持现有的灵活性至关重要。柔韧性的丧失会造成活动能力的缺失，反过来又导致身体的不稳定。其造成的后果就是跌倒的风险增大，导致有可能失去自主生活的能力。表2.5所示的及格－不及格柔韧性测试能够帮助你分辨哪些关节能够正常工作；哪些过紧，有待改善。在进行测试前做几分钟的热身运动，注意不要过度伸展，使身体产生痛感。

表2.5   柔韧性指南

	颈部前屈	身体站立或坐下，用下巴去碰胸部
	肩部灵活性	一只胳膊伸到后背，手心向上，同时另一只胳膊越过肩膀，手心向下。双手的中指尽可能地相互碰触。身体另一侧重复以上动作

	肩屈曲	身体是站姿，手臂伸直并在体前慢慢抬高，直至高举过头顶。身体另一侧重复以上动作
	肩关节外展	身体是站姿，手臂伸直并从身体一侧上抬，直至高举过头顶。身体另一侧重复以上动作
	躯干旋转	身体是坐姿，双脚平放于地面，双膝夹住一只球或木块。双臂在胸前交叉。慢慢向右旋转45度角。身体向左重复以上动作
	下背部拉伸	坐在地板上，双腿伸直。身体慢慢前倾并用双手触碰脚趾

续表

	腘绳肌拉伸	仰卧，双臂位于身体两侧。双腿伸直，同时一条腿慢慢抬高呈 90 度角
	臀屈肌拉伸	仰卧，双腿伸直。慢慢地将一条腿的膝盖朝胸部拉伸，另一条腿平放于地面。身体另一侧重复以上动作
	小腿拉伸	身体呈坐姿，双腿伸直，双脚并拢，且脚趾上翘。一只脚慢慢弯曲呈 30 度角。身体另一侧重复以上动作
	股四头肌拉伸	俯卧，前额枕在手上。用脚后跟触碰臀部。身体另一侧重复以上动作

成功自测

- ☑ 进行及格 – 不及格柔韧性测试。
- ☑ 在评估表上记录自己的成绩。

心肺耐力

　　心脏是人体最重要的肌肉组织，因此心肺耐力（强大的心脏和肺部）被看作是身体健康最重要的因素之一。你的心脏负责将氧气输送到各块工作肌肉中，而这反过来对日常运动以及运动表现有着直接影响。

　　最全面的心肺测试需要在临床环境中由一群人完成，但是可以反映你心肺耐力的非最大心肺测试却可以很轻松地进行。利用时间作为测量手段，这里所列出的测试将会帮助你了解自己的心肺功能。

任何一项测试都可以在跑步机或户外的跑道上进行。此外还有另一个选择，如今许多的有氧运动机都有内置的体能测试功能。

1 英里步行测试

这项测试主要用来测量你能够以多快的速度行走1英里——你关注的是时间。你需要（理想状态下）一条跑道，但是也可以用跑步机和秒表替代。你甚至还可以在居住的小区进行测试，只要地面平坦、没有斜坡即可。你可以利用汽车里程表或者美国田径协会的航线计算器规划出1英里长的路线。测试完成后，你也正好利用这个难得的时机测一下自己的心率。

- 进行5分钟的热身行走运动。
- 打开秒表开始计时，并尽可能迅速地走完1英里，但是不要跑。
- 1英里的路程完成后，停下来记录时间。以表2.6作为参考。

表2.6　1英里行走测试标准

等级	年龄 18 ~ 30 岁		年龄 31 ~ 69 岁	
	男性	女性	男性	女性
优秀	<11：08	<11：45	<10：12	<11：40
良好	11：42 ~ 11：09	12：49 ~ 11：46	10：13 ~ 11：42	11：41 ~ 13：08
中上	12：38 ~ 11：41	13：15 ~ 12：50	11：43 ~ 13：13	13：09 ~ 14：36
中下	13：38 ~ 12：37	14：12 ~ 13：16	13：14 ~ 14：44	14：37 ~ 16：04
一般	14：37 ~ 13：37	15：03 ~ 14：13	14：45 ~ 16：23	16：05 ~ 17：31
较差	>14：38	>15：04	>16：24	>17：32

来源：J.R. Morrow, A.W. Jackson, J.G. Disch, and D.P. Mood, 2005, *Measurement and evaluation in human performance, 3rd ed.* (Champaign, IL: Human Kinetics), 235.

成功自测

- ☑ 进行1英里行走测试。
- ☑ 在评估表上记录测试成绩。

测试与评估小结

既然你已经完成了健康检查和体能测试，那么你现在应当清楚哪些身体部位还需要加强锻炼，哪些部位应该继续保持。在你阅读关于目标设定的下一个步骤时，要学会使用这些信息。尽管你可能还有其他想要实现的目标，比如减肥或者跑5千米等，但是绝对不能忘记将自己测试得分较低的部位纳入健身计划中。

如果肩部肌肉紧张，身体的平衡性就会下降，或者上肢变得虚弱无力。建议按照下一个步骤写下自己的健身目标，这样，这些身体部位就会得到改善。如果你是一名运动新手的话，每隔4～6周对自己得分较低的身体部位进行重新评估会有一定的帮助。请记住，身体走样不是一朝一夕造成的，恢复原状也不能一蹴而就。

在迈出下一步之前

1. 你是否完成了体能现状的调查问卷或心脏病风险因素调查评估？
2. 如果有必要的话，你是否获得了医师的许可？
3. 你是否记录过自己的血压和静息心率？
4. 你是否记录过自己的体成分以及身体尺寸？
5. 你是否进行过姿势和平衡力测试？
6. 你是否已经完成并记录了上肢、下肢以及腹肌的肌肉力量和耐力？
7. 你是否完成了所有的柔韧性测试并记录了测试结果？
8. 你是否选择进行了一项心肺测试并记录了测试结果？

目标

设定目标是成功的健身计划最重要的部分，但同时它也最容易被忽略。它不仅可以帮助你明确自己想要取得怎样的成就，同时也让你清楚如何实现这些目标。在这个步骤中你将会了解 SMART 目标以及如何设定短期和长期目标，并由它们带领着你踏上健康的旅程。你同样会学到结果导向目标和行为导向目标之间的不同，以及哪种目标最适合你。更重要的是，你会明白按照当前的行业标准，要安全地实现健身目标需要多长时间。

SMART 目标

　　SMART 是一个缩写词，它可以帮助你弄清楚自己的健身目标。只是简单地有一个诸如想减肥或想健康的总体目标，很难设计具体的行动方案来实现这些目标，或者证明自己的进步。SMART 目标就如同是一张地图，可以指引你到达自己的目的地。

首先是具体

　　SMART 中的 S 代表具体的（specific）。每一个目标都应当有清晰的界定。不要用一些概括性的语言作为自己的目标，比如"我想要减肥"，你的目标应该更加具体和明确。你一定要回答出谁、什么以及哪里来确定自己将如何实现减肥的目标。减肥的方式有好几种，包括戒掉甜食、进行有氧运动和力量训练，减少热量的摄入等。"我想要通过做 1 小时的有氧运动和力量训练减 10 磅"，这就是一个具体的目标。"我想要通过每周 4 次、每次走 1 小时和戒掉甜食的方式来减肥"，这同样非常具体明确。

　　另外一个例子就是想要变得更加健康的总体目标。想要健康的方式有很多，比如戒烟、多吃水果蔬菜、走路以及上瑜伽课等。而一个更为明确的目标是，通过每周 5 次、每次走 30 分钟以及在接下来的 3 个月每天坚持吃 5 种水果蔬菜的方式来提升自己的健康水平。拥有具体的目标不仅可以帮助你变得更加专注，而且有助于基于日程表和运动偏好为你量身打造健身计划。

测量你的进步

　　SMART 中的 M 代表可测量的（measureable）。你一定要能够测量自己所设定的目标。如果你的目标是体重减轻 10 磅，那么你踩在秤上直接测一下体重即可。如果你的目标是连续 3 个月每周锻炼 3 次、每次 1 小时的话，那你每次完成锻炼任务后就将这一天从日历中划掉，并记录自己的运动时间，通过这种方式也可以测量自己的进步。假如你的目标是减少体脂的话，你也可以用皮褶厚度计或生物电分析机来进行测量。

问一下你自己将如何追踪进步。记录自己所取得的进步不仅可以帮助你保持在正轨上，而且可以更好地激发你的积极性。通过记录自己所取得的成就，你会变得更加坚定、坚强、条理分明，这样你对自己的态度会更加积极，鼓舞你实现目标、保持专注。

追踪自己进步的方式有好几种。你可以简单地用一个笔记本草草记下自己每一周或每个月的体重、体脂百分比、体重指数、血压以及其他你想要追踪的信息。一些免费的网站和手机应用也可以追踪健康数据。

不要放弃希望

SMART 中的 A 代表可实现的（attainable）。这是人们最容易放弃的一个阶段。尽管你也许想把自己的目标定得高一点，但是如果你没有能力实现的话，那么你最后只会让自己遭遇失败。一个周末就减 10 磅不可能实现；每周减 1 ~ 2 磅才是可实现的目标。你可能会说自己准备每天坚持锻炼，但事实却是不免被生活羁绊，一连三天都没有锻炼。每天锻炼 3 小时的目标对于那些目前仍然是电视迷的人们来说无法实现，并且这样做还会增加受伤的风险。健身目标应当与时间表、健身水平和运动偏好相匹配。说自己打算每周 3 次、每次花 30 ~ 60 分钟在跑步机上锻炼，做一套举重训练，这是一个可实现的目标。了解自己的个人爱好，比如什么时候锻炼最好或者晚饭什么时候吃，非常重要，这样在实现健身目标的前提下，你就能够把控做出多大的改变才最合理。举个例子，如果你不是一个习惯早起的人，那就不要在早上 6 点钟给自己安排锻炼计划。如果你工作到很晚，回到家里已经饥肠辘辘的话，那就不要给自己选择一个晚上 7 点后禁止饮食的营养目标。

关注自己的目的

SMART 中的 R 代表相关的（relevant）。你的目标应当与能力、兴趣和需要相关。目标应当是你想要为之奋斗的东西；它们不应该让你注定会失败。假如你厌恶跑步，那就不要给自己制定 5 千米跑步的训练目标；假如你不喜欢骑自行车健身的话，那就不要报名参加为期一个月的健身自行车课程，或者买一辆昂贵的室内健身自行车。还有一个例子，不要说自己永远不碰甜品了，不妨改成你打算把吃甜品的次数限制到一周两次。

掌控时间

SMART 中的 T 代表有时间限制（time bound）。设定时间限制是实现目标的关键。你是拖延症患者吗？如果答案是肯定的话，不妨给自己设定一下实现目标的确切时间，这样你就会充满动力，督促自己不断前进。如果不为实现目标设定一个截止日期的话，你怎么会做出改变呢？因此，在接下来的 8 周时间内减掉 10 磅，或者下个月每周 3 次、每次 30 ~ 60 分钟的锻炼都是有时间限制的目标。

长期和短期目标

设定目标时，你既需要长期目标，也离不开短期目标。你需要衡量全局，但是也要看到最终将你带到终点（长期目标）的"婴儿的脚步"（短期目标）。短期目标可以是每天、每周和每个月的目标。鉴于你目前的健康和体质状况，长期目标可以持续一个月甚至一年。

也许你想要实现的目标很多，但是每次只能关注其中一部分，这一点非常重要。选择一个长期目标和两三个短期目标可以增大你成功的概率。一旦这个目标实现，你就可以设置新的目标。请记住，短期目标主要用来循序渐进地改变你的行为，或者是实现长期目标的手段。

之后，你会找到那个每个人都会问的常见问题的答案："我要等多久才能看到成绩？"我们会讨论安全地实现健身目标的行业标准，以及你最快多久可以实现。一旦你确定了自己的目标，务必确保自己的目标在期望值和安全性上都符合行业标准。读了这条信息后，你可能需要对目标进行调整。

表 3.1a 所示的 SMART 目标工作样表就为如何记录具体的健身目标提供了思路。利用 SMART 这个缩写词制定一个长期目标和三个短期目标。让自己的目标更加 SMART，那么你实现的概率也会变得更大！

表 3.1b 是一个可以记录你的目标的工作样表。在你列举了自己的目标以及实现目标的期限后，你就要弄清楚前行的障碍以及帮助你实现目标的解决方案。以表 3.2a 为例，在表 3.2b 中列举自己的障碍和解决方案。

表 3.1a SMART 目标工作样表

长期目标	计划（说出实现这一目标的 3 个关键行动）	开始和结束日期
在接下来的 6 个月内我要减掉 25 磅	1. 每周 3 天、每次 30 分钟锻炼 2. 每周进行 2 次力量训练 3. 在我的记事本中安排我的训练日	开始：1 月 1 日 结束：7 月 1 日

续表

短期目标	计划（说出实现这一目标的3个关键行动）	开始和结束日期
每天吃5种水果和蔬菜	1. 在超市购买各种各样的水果和蔬菜 2. 将所有的水果和蔬菜洗净切好 3. 为了方便起见，准备好每次吃的量	开始：1月1日 结束：1月7日
上瑜伽课	1. 搜寻附近的瑜伽班和课程表 2. 登记付款 3. 购买瑜伽垫和水瓶	开始：2月9日 结束：3月16日
为训练的前3周制订一个力量训练计划	1. 为每一组肌肉群选择一项运动 2. 每组运动重复做12~15次 3. 当我能够以标准的姿势和技巧重复做15次时，我会增大练习的重量	开始：1月2日 结束：1月23日

表 3.1b　我的 SMART 目标

长期目标	计划（说出实现这一目标的3个关键行动）	开始和结束日期
	1.	
	2.	
	3.	
目标实现的奖励：		

短期目标	计划（说出实现这一目标的3个关键行动）	开始和结束日期
1.	1.	
2.	2.	
3.	3.	
目标实现的奖励：		

来源：From N.L. Naternicola, 2015, *Fitness: Steps to success* (Champaign, IL: Human Kinetics).

表 3.2a **实现目标的障碍和解决方案**

障碍	解决方案
1. 瑜伽课程的费用过于昂贵	购买或租借瑜伽 DVD
2. 外出跟朋友吃饭时不知道该怎么办	1. 提前吃点健康的零食 2. 等候上菜时喝一些柠檬水
3. 我不清楚锻炼上肢应该做哪些运动	1. 写下上肢肌肉群 2. 在网上搜索专门针对每一块肌肉的运动

表 3.2b **我实现目标的障碍和解决方案**

障碍	解决方案
1.	1.
2.	2.
3.	3.

来源：From N.L. Naternicola, 2015, *Fitness: Steps to success* (Champaign, IL: Human Kinetics).

成功自测
- ☑ 使用 SMART 缩写词制定一个长期目标。
- ☑ 使用 SMART 缩写词制定三个短期目标。

结果导向目标与行为导向目标

短期和长期目标既可以是结果导向目标，也可以是行为导向目标。确定哪种目标更加合适，不仅取决于你想要取得的成果，而且有赖于你过去的尝试以及什么最适合你。当然这也与你的健康水平有关。

结果导向目标更加关注结果，比如减掉 10 磅、降低血压或者在规定的时间内进行一场跑步比赛。这些目标完全基于结果，并且大多数人也更加关注这种类型的目标。

行为导向目标更加注重行为的改变。这些目标关注行为本身，比如在接下来的一个月进行每周 3 次、每次 1 小时的锻炼。这个目标非常明确、可以量化、可实现、是相关的并且有时间限制。但是它更多的是基于行为，而非结果。当然，一个额外的好处是在这个过程中你的体重同样会减轻，但是目标中却丝毫没有提到减肥；只有减肥的行为或过程被提及。

你需要确定哪种目标更适合你。设定目标完全由个人决定，并且它们应当基于你想要取得的成果。通常来说，如果你目前活动较少或者久坐不动，那么行为导向目标会更加适合你，因为它们可以帮助你使运动成为每周的惯例。假以时日，运动就会成为你生活的一部分，根本不需要把它写下来作为自己的健身目标。

举个例子，长期的行为导向目标就是在接下来的一年中每周 5 次、每次做 1 小时的运动。短期的行为导向目标就是在接下来的 3 周中每周 3 次、每次锻炼 15 分钟；每 3 周可以将这一时间增加 5 分钟，并且当时间累计增加到 1 小时后，每周 3 次就可增加到 4 次，然后是 5 次。将运动次数增加到一周 5 次的目标需要在几个月的时间内逐渐实现，这样可以降低受伤风险并且可以适应你的日程安排。

成功自测

- ☑ 写下一个结果导向目标。
- ☑ 写下一个行为导向目标。

多久可以看到成效

"要花多长时间？"这是一个老掉牙的问题。换句话说，你多久可以见到成效？不管你在电视上看到了什么还是在杂志上读到了什么，减肥并非一朝一夕的事情。身材走样是日积月累的结果，恢复体形也不能一蹴而就。世界上并没有什么神奇的药物或者特定的锻炼方式可以帮助你快速塑形。我们讨论的是某些健身要素能够多快实现，你的目标应该反映出实现健身计划所需的恰当时间。不管你在电视上都看到了什么，所有这些都不是一夜之间实现的。

请记住，获得完美的体形并一直保持下去是一种生活方式。这是一个过程，而不是一个目的，这意味着你必须定期评估自己的目标。当达到目标时，就需要设定新目标。到现在，你已经完成了步骤 2 中的健康测试与评估，你可以按照初始的数据设定新目标，决定身体的哪个部位需要改善，或如何保持现有的健身训练计划。

心肺适能

你的静息心率是心肺适能的良好指标。静息心率越低就说明你越健康，因为你的心脏不需要努力地向全身供给血液。健身新手或者健康状况不佳的人群每周至少要进行 3 次、每次 30 分钟适当强度的有氧运动，这样每周可以使静息心率减少 1 次，10 周以内就有可能减少 10 次！即使心跳次数减少，你的心脏依然可以将等量的血液输送给工作肌肉，因为你的心肌变得比之前更加强壮。你可以更加迅速地将氧气输送给工作肌肉，这样不论你做什么，表现都会更佳。除了精力更加旺盛、睡眠质量提高，你也会感觉更好。

以下就是基于不同人群和不同结果的心肺目标范例。

- **学生：** 周一、周三和周五放学后我会去学生活动中心，在有氧运动机上做 15 分钟的运动，此时心率达到每分钟 145 ~ 155 次。然后每周增加 5 分钟的锻炼时间，直至 30 分钟为止。
- **足球妈妈：** 这个秋季每周 5 天，当我的儿子正在练习时，我会绕着足球场走或跑 30 分钟，直到我能够完成 30 分钟的跑步训练。

肌力与肌耐力

要看到肌力与肌耐力的锻炼效果更加复杂，因为它取决于几个要素以及肌纤维类型和运动设计。它还与你的肌肉锻炼目标有关。你想要增加肌肉重量吗？你想要提升肌肉耐力吗？你想要增大肌肉力量吗？我们将会逐一探讨，然后给你一个思路来决定你可以多快实现这些目标。但是需要特别指出的是，任何年龄开始肌肉锻炼都不晚！

增加肌肉重量

肌肉重量取决于天生的肌纤维（细胞）数量和类型。肌纤维有两种特定类型：慢缩肌纤维（Ⅰ型纤维）和快缩肌纤维（Ⅱ型纤维）。快缩肌纤维又进一步细分为Ⅱa型纤维和Ⅱb型纤维。你拥有的Ⅱb型纤维越多，肌肉重量增加的可能性就越大。Ⅱb型纤维决定了肌肉的力量、速度和大小。慢缩肌纤维主要用于行走、跑步和有氧运动等耐力运动。此外，这些纤维也同样用于俯卧撑和卷腹等重复运动。快缩肌纤维负责疾跑、跳跃等路程短、速度快、强度大的运动。

进行举重练习的男性运动新手只需要每周进行 2 ~ 3 次的重复训练，每个月就可以增加 1 磅的肌肉，这一过程大概可以持续 6 个月；女性的进展速度会较慢，因为她们的肌肉更小。一般来说，不管是男性还是女性的运动新手，在进行举重练习的头 3 个月都可以增加 2 ~ 4 磅重的肌肉。如果你的目标是减肥的话，考虑锻炼瘦肌肉非常重要。记住，你的肌肉每周 7 天、每天 24 小时都在不间断地燃烧能量，所以身上的肌肉越多，消耗的热量也就越多。

提升肌肉耐力

同样，肌耐力取决于你所拥有的慢缩肌纤维数量。这种纤维有氧氧化能力较强，长时间运动时，例如跑步、骑自行车、游泳以及表 3.3 所列举的所有运动时，它们能够给身体提供更多的能量。这些纤维能够抗击疲劳，适合低重量、多次重复的锻炼。肌肉耐力的提升需要花 6 周到 3 个多月不等的时间，这要取决于你的健康状况。不过经过 4 周的锻炼后，你就会变得精力充沛，感觉也会更好。

当谈到肌肉时，另外一个需要考虑的因素是Ⅱa型纤维被看作是慢缩肌纤维和快缩肌纤维的组合，因为它们既带有快缩肌纤维，也有慢缩肌纤维的特性，这要取决于你的运动设计。如果你的举重训练质量较大、重复次数较低的话，那么这些纤维更多呈现的是Ⅱb型纤维的特征。然而，如果你进行的举重训练质量较轻但重复次数较多的话，它们就会呈现慢缩肌纤维的特征。这就是为什么选择适合你的健身目标的运动项目极为重要。

肌纤维无法被转变为Ⅰ型或Ⅱ型纤维，了解这一点非常重要。你的基因决定了身体拥有的肌纤维类型以及数量。

表3.3　肌纤维类型

慢缩肌纤维	快缩肌纤维
更有效地利用氧气（有氧的） 缓慢地释放能量 颜色为红色 耐疲劳	厌氧的 迅速释放能量 颜色为白色 迅速疲劳
适用于	适用于
跑步、骑自行车等需要长时间消耗能量的运动	疾跑等短期力量爆发型运动

增大肌肉力量

肌肉力量增长的速度要比肌肉重量和耐力快得多。3周之内你就能变得更加强壮；然而，你的神经系统会自动调动那些没有参与到前3周重量训练的肌纤维，了解这一点也非常重要。这一过程被称为动作学习，因为你的肌肉会对锻炼计划中充满挑战性的工作负荷做出回应。

以下就是关于肌肉力量和耐力目标的范例。

- **初学者**：每周3次在重量训练机上完成一轮12～15次的重复训练，坚持4周。我将通过这种方式提高肌肉耐力。
- **资深者**：每周3次，每次做3组、每组12次的针对胸部、背部、肩部和手臂的专门训练，坚持6周。我将通过这种方式增强上肢力量。

减脂

减肥和减脂之间是有区别的。普通人每周可以安全地减掉1～2磅的脂肪，并且每减掉一磅的重量需要亏空约14650焦耳的热量。尽管按照比例测算，减掉的脂肪应该更多，但是这多出来的重量可能是水或肌肉。如果没有恰当的营养和锻炼，你的身体最终消耗掉的可能是你急切想要获得的肌肉组织。

请记住，在锻炼瘦肉组织时，运动新手刚开始时增加几磅的体重是很正常的。因此，追踪自己的瘦体量和体脂，以确保自己减掉的是脂肪组织而非无脂肪组织也同样重要。你的身体是由两种组织构成的，即脂肪组织和非脂肪组织。脂肪组织是纯粹的脂肪（动物脂肪），非脂肪组织（又被称为瘦肉组织）包括肌肉、骨骼、器官和血液。青春期后你的骨骼、器官和血液通常不会发生什么改变，所以非脂肪重量的增加或减少往往是肌肉增加或减少的良好指标。你也不想失去靠辛辛苦苦消耗热量才锻炼出来的肌肉组织。

总的来说，你每个月可以安全地减掉1%～2%的脂肪。减脂涉及你全身各处，你无法控制减掉的脂肪来自身体的哪个部分。脂肪最多的身体部位反而是到最后才能减掉，所以你一定要有耐心。通常这个部位是男性的上腹部或者女性的下腹部、臀部和大腿。坚持进行围度测量并记录体重是追踪自己进步的好办法。你可以用曲线图来反映这些数据，保持自己不脱离正轨并分析得到的结果。不管你在媒体上都看到了什么，世界上并不存在一项运动可以专门为某个部位减脂。减脂需要营养、有氧运动以及力量训练的有机结合。

以下就是减脂目标的范例。

- **肥胖人群：** 在接下来的10周我将通过每周亏空约14650焦耳热量的方式减轻10磅体重。要做到这一点，我每天会将从食物摄取的热量减少约1046焦耳，并增大运动量，多燃烧约1046焦耳热量。
- **超重人群：** 在接下来的30天我将通过每周3次、以70%的强度进行每次30分钟的有氧运动，每周2次参加训练营课程以及戒掉甜食等方法将体脂降低1%。

柔韧性

柔韧性是健身要素之一，你几乎需要每天进行锻炼才能看到进步，然而它却是健身计划中最容易被忽略的部分。它也同样需要花费长达一年的时间才能看到成效；因此，你需要每天都朝着自己柔韧性的目标努力，使其效力最大化。你可以在运动后或洗过澡后进行拉伸运动，因为此时肌肉的温度较高。

影响柔韧性的因素包括遗传和性别（通常来讲女性的柔韧性要比男性好）。年轻人比老年人的柔韧性好。此外它也与体形以及身体目前的灵活性有关。但是，不论你多大年纪，身体的柔韧性都可以得到改善。确定一下是否有某一特定部位或者某块肌肉需要自己特别关注，并且用日历来记录下你进行拉伸运动的天数而不是身体能够拉伸的程度。随着时间的推移，这一行为导向目标将会帮助你看到进展，防止你做得太多太快，因为这样会增加受伤的风险。

通过改善身体的柔韧性，你的日常生活活动以及为了健康和运动的目的所进行活动的整体表现也会得到提升。日常生活活动包括穿衣、洗澡、购物、做饭和洗衣服等。系安全带需要利用肩部的柔韧性，穿袜子和从地上捡东西则需要脊柱的灵活性。某一特定关节能够任意活动，有助于你将高尔夫球打得更远或者不费吹灰之力清理浴室。

以下就是柔韧性目标的范例。

- **年轻人**：在接下来的 3 个月，每逢周一、周三我都会在健身中心上瑜伽课，以改善姿势，保持关节的灵活性。
- **男性**：从下个月开始，在比赛转播期间，我每晚都会在电视机前完成 3 组腘绳肌的拉伸运动，以此来改善腘绳肌的柔韧性。每个拉伸动作我将会保持 30 秒钟，直至有轻微的不适感为止。

平衡力及核心力量

在过去几年，改善平衡力、强化核心力量已经成了你的健身计划的关键。强健的核心肌群是拥有良好平衡力的关键。请记住，核心肌群不仅只包括腹直肌而已，同时也包括腹壁、骨盆以及下背部的所有肌肉。

如今的健身中心配备有各式各样的新设备，用来改善平衡力、强化核心肌群。这其中就包括波速球（BOSU）、抗力球、平衡板、飞盘和泡沫轴。然而你并不需要新奇的设备或者额外多花时间来改善自己的平衡力。单脚进行运动或者在进行肱二头肌训练时站立在一个不平稳的平面上，都可以改善平衡力。进行仰卧推举时确保能够调动所有的核心肌群就可以提升核心力量。

以下就是平衡力及核心力量目标的范例。

- 接下来的 3 次锻炼，在进行力量训练时，我将会通过收缩盆底肌以及收腹的动作调动核心肌群。
- 我会每周 3 次、每次在波速球上站立 15 秒钟，之后每周增加 5 秒钟，直至能够站满 1 分钟为止，以此来改善平衡力。

其他因素

在设定自己的 SMART 目标之前，你还必须兼顾其他四种因素。不要忘记自己在健身的旅途中身处何处，能够分辨出前方的障碍。一些障碍是可预知的，可提前应对，比如假期、节庆活动和工作会议；疾病、受伤或者家庭紧急情况等其他障碍则不能预知。当你进步不明显时可能是到达了稳定阶段，或者你也可以试着调整一下自己的计划安排。

动力

动力是一种心理特征，刺激你朝着目标努力，并且可以强化期待行为。它强迫你一切行为都要按照特定的方式进行，并且决定着你是早起跑步还是睡懒觉。确定并写下 SMART 目标将会帮助你朝着特定的行为前进，而这种行为将会激励你变得更加健康。

没能达成目标会让你灰心丧气，感觉自己一事无成，并且推动着你重新回到不健康的行为中。你要知道，自己可以改变最后期限或者重新设定目标——它并不是一个需要孤注一掷的绝境。

健康水平

在步骤 2 中，你通过进行健康检查和体能测试来发现自己的不足之处以及优势所在。在写下自己的目标时，考虑一下自己需要加强锻炼以及应当继续保持的方面。你可能在力量训练方面是个新手，但是却拥有良好的柔韧性以及平衡力。或者你可能有能力跑一场马拉松，但是却做不了完整的俯卧撑。

健身器材的可用性、健身设备的使用以及私人教练都会对你的健身目标产生影响。自己来决定是到健身房还是在家里锻炼。如果你不习惯在别人面前做运动的话，那就在人少的时候去健身房或者购买一些家庭健身设备。除非健身中心位于你家或者工作单位附近，否则就不要去；假如不喜欢骑自行车的话，就不要购买昂贵的健身自行车。否则你就是给自己的失败做准备。

社会压力

家庭以及朋友的社会影响也是一个需要考虑的因素。如果你的家人和朋友都不注意饮食、从不运动的话，那么你就很难为自己设定健康的目标。当其他人都在吃比萨和炸薯条时，你给自己点一份烤鸡肉沙拉的概率能有多大？明年的生日聚会上你会放弃蛋糕和冰激凌吗？你能够继续一边熬夜，一边在早上 6 点钟就爬起来去上动感单车课程吗？从家人或朋友中挑选一个作为自己的健身搭档。与自己一个人单独锻炼相比，两个人一起会让你感觉时间过得更快。你们可以闲聊，谈谈彼此的生活，这样不仅时间会过得飞快，而且你还会对下一次锻炼充满期待。

有了健身搭档，你在取消自己的健身安排时就会变得更加慎重，因为你知道另一个人正在健身房里等着你。虽然你可能需要调整自己的日程安排，找一个两个人都合适的时间，但是它同样也有助于你将这个时间变成固定的运动课程。另外，锻炼搭档还可以帮助你确认自己在健身方面取得的进步，从而提升自己的动力和自尊。

健身搭档可以与你一起分享进步的喜悦，或者在实现目标时与你一同庆祝。寻找合适的健身搭档非常重要，因为你挑选的可能是一个思想消极、嫉妒你的成就或者总是让人灰心丧气的伙伴。你可能需要尝试好几次才能最终找到合适的搭档。

除了家庭和朋友对你行为的日常影响外，媒体也影响着我们对所谓正常行为的看法。我们对体重超标并且依赖药物的老年人已经习以为常了，但是他们的健康问题是经年累月的不良饮食习惯以及不运动造成的。这种现象只在北美洲才正常，在其他大洲却并非如此。如果你饮食习惯差并且不运动的话，那么你就要承担相应的后果，失去健康。

另一方面，媒体也会展示一些人不可能拥有同时也不健康的身体形象，不管它是拥有特定的体重、体形还是锻炼出像奥林匹亚先生一样的肌肉。

确定目标的优先顺序

最后，弄清楚自己的目标将会如何影响工作和家庭。如果你的日程安排十分紧张，那么找时间来开启自己健康的生活方式可能就会非常困难。你也可以创新运动方式，比如午餐或休息时走一走，每一分钟的锻炼都有用。如果你晚上事情比较多，那就早点起床锻炼。如果早上比较忙，那就在前一天晚上把健身包整理好或把运动衣放在车里。将自己的目标按照优先顺序排列好，并写在记事本上，就好像医生的预约一样。

成功自测

- ☑ 列出两项可能影响你的目标的障碍。
- ☑ 列出两个可以解决影响你目标的障碍的方案。

奖励

当你实现了短期和长期目标时，用除了食物之外的东西奖励自己十分重要。在日常生活中，人们通常会选择到高级餐厅里吃饭、出去吃冰激凌或者从面包房订特别的蛋糕等方式来庆祝。找一些其他方式来奖励自己，比如按摩、一套全新的运动装备或者运动时要听的全新的音乐。这样做会让你有一种成就感，而成就感会帮助你一心朝着长期目标前进。

目标小结

请记住，健身是一个过程，包括为柔韧性、平衡力、心肺耐力、体力、核心力量以及稳定性设定目标。在步骤2中你已经弄清了自己的优势和弱点。在写下自己的目标时，要清楚地知道其中的原因，因为它们只与你个人有关。识别前行的障碍并寻找解决方案。现在，既然你已经设定了自己的SMART目标，那么你需要设计一个行动方案来帮助你实现目标、识别障碍。总而言之，要做好应对突发状况的准备，因为阻碍你前进的事情的确会发生。保持积极乐观，灵活应对，并且永不言弃。

成功自测

☑ 如果你每周心跳减少 1 次的话，记录下 10 周内自己的心率。

☑ 如果你每个月将体脂的百分比降低 1 个点的话，记录下 10 周内的体脂百分比。

☑ 如果连续 10 周每周减掉 1 磅的话，记录自己的体重。

在迈出下一步之前

1. 你是否明确地了解自己的优势和弱点？

2. 你是否已经制定了长期的 SMART 目标？

3. 你是否至少制定了三个短期的 SMART 目标？

4. 你的健身计划中是否包含至少一个行为导向目标？

5. 你的健身计划中是否包含至少一个结果导向目标？

6. 你是否列举过实现目标的障碍以及这些障碍的解决方案，以便自己能够实现目标？

心肺运动

心肺运动，有时又被称为"有氧运动"或"有氧操"，指任何持续时间在10分钟或以上的运动，它需要调动身体的大型肌肉并使心率加快。有氧运动需要双臂和双腿进行稳定且不断重复的动作，使心脏和肺部变得更加强壮。

"有氧"意为"有氧气"，因为要想完成肌肉所要求的工作，氧气必不可少。如果肌肉无法获得足够的氧气（也就是说你在运动过程中气喘吁吁），那么它就变成了无氧运动，你的运动持续时间也会随即缩短。最大摄氧量，又名"氧极限"或"有氧能力"，是反映有氧运动能力的良好指标。你的最大摄氧量能够告诉你自己的身体将氧气从肺部输送至血管以及工作肌肉的效率。这些测试需要在临床环境中由一组专门的测试人员完成，测量在运动至力竭时受试者的通气率以及呼出气体中氧气以及二氧化碳的浓度。

次最大摄氧量测试可以估测你的有氧运动能力，并且不需要运动至力竭或者专业的测量团队。测试的内容包括库伯12分钟行走测试或者跑步测试，以及步骤2中提到过的 Rockport 1 英里步行体能测验。

影响心肺健康的因素

通过有氧锻炼你可以改善自己的心肺健康，因为和其他肌肉一样，心脏会比之前变得更加强壮、高效。然而，在锻炼过程中还是有几个因素会对你的心肺健康产生影响：遗传、年龄、性别和环境影响。

遗传

一些人由于基因良好，锻炼方面进步神速，而另一些人所需的时间则要更长一些。你的身体中所含的氧气量就是有氧能力的一个衡量指标。高血压（一种可遗传疾病）会增大血液流动的阻力，进而影响心肺适能，因此，与其他人相比，心肺适能的改善速度相对较慢。

年龄

身体所经历的一些变化不仅会影响你的健康，而且你的有氧运动能力也同样会受到影响。随着身体的不断衰老，身体机能也随之下降，大约每10年身体的有氧能力会下降 10%。心脏和血管失去弹性，变得越来越僵硬；这些过程削弱了身体利用氧气的能力，并加重了心脏的工作负担。与此同时，血红细胞的数量也会逐渐减少。

性别

男性与女性心脏结构的不同导致了其心脏适能的不同。男性心脏由于体积较大，肌肉更多，因此能够比女性的心脏工作得更卖力、时间更长。所以，男性能够更快地适应并习惯于心肺锻炼；然而，男性罹患心脏病的风险也比女性更大。男性通常要比女性更早地达到身体的巅峰状态，而且女性由于更年期身体也会经历一些变化。

环境影响

除了遗传、年龄和性别之外，环境和生活方式也是你必须考虑的因素，因为饮酒、抽烟、药物摄入、咖啡因、压力、不良饮食、环境污染物以及缺乏锻炼都会影响心肺适能。血液中水的含量占到 95%，所以脱水或摄入咖啡因会导致你的血容量下降，心脏的工作负荷也会随之加大。抽烟会导致血管收缩，使身体中的二氧化碳含量增加，氧气减少，造成心脏被迫更卖力地工作。最后，由于体脂增加，心脏必须更加努力地工作才能将血液输送到其他组织。你身体的 1 磅脂肪中就有长达 7 英里的血管！

尽管别人似乎轻而易举就能很快地在健身方面小有所成，但是重要的一点是虽然心肺适能与良好的基因、年龄、性别和环境因素有关，但是很显然每个人都能够调整自己的生活方式，改善身体消耗氧气并将其输送到各块工作肌肉的能力，由此提高心肺适能。人体能够很好地适应有氧耐力训练。

成功自测

☑ 请列举可能会对你的有氧适能产生影响的因素，以及你将怎样减少或消除这些因素的影响。

心肺运动的好处

心肺运动会给身体带来不少健康福利，其中最引人关注的就是它可以将罹患心血管疾病的风险降低 30%~40%，中风风险降低 20%~27%，此外 2 型糖尿病、结肠癌、乳腺癌、肺癌以及多发性骨髓瘤等癌症的发病也能得到有效控制。绝大多数时候，它降压的效果可以与抗高血压药相媲美。它可以强化免疫系统，减少感冒和患其他疾病次数，并增加体内有益胆固醇（高密度脂蛋白胆固醇）的含量。

人们进行心肺运动最常见的原因之一就是改变体成分，减少体脂。它们有助于你维持体重或者通过燃烧热量来减少脂肪，因为你一旦将储存在肌肉内的直接能量（糖原）消耗殆尽，就会开始动用储存在脂肪（肥肉）组织中的能量（燃料）。心肺运动的锻炼时间越长，身体为了满足直接能量需求而消耗掉的热量就越多。然而，持续时间较短的运动也能够通过后燃效应——做完运动的几个小时后你的新陈代谢速度会加快——消耗掉大量脂肪。此外，它还可以加速你的基础代谢率（休息时能量的燃烧速率），以提高肌肉效率。在步骤5"肌力和肌耐力"中，你会了解到更多关于肌肉的重要性以及减肥时的代谢率。

此外，许多内部的适应也随着心肺功能的调节而发生，首先就体现在能够更好地应对高强度的心肺运动。当心脏变得更加强壮时，它就能更有效地将更多血液通过血管输送到身体各处，更加迅速地代谢掉肌肉产生的垃圾以及二氧化碳。没有经过任何锻炼的心脏每分钟可能需要跳动 75 ~ 100 次，而经过训练的心脏每分钟只需要跳动 40 ~ 60 次就可以完成同样数量的工作。最后，在一颗状态良好的心脏中，血液中的血红蛋白和毛细血管都会增多，身体输送血液的能力也自然会得到提升。这会改善大脑的血液循环，从而提高精神敏锐度和记忆力。

心肺运动会使身体分泌出改善心情的内啡肽。内啡肽是一种生物力学物质，可以激发人体的积极情感，提升幸福感。它们也有助于减少压力，消除焦虑感和沮丧感，提升自信，改善睡眠质量。虽然你可能不会立即觉察到这些变化，但是一旦运动成了你日常生活的一部分，你就会感受到一种普遍的幸福感。

成功自测

☑ 列出三个你想要从心肺运动中获益的原因。

频率和时间

接下来我们要探讨的是步骤1中提到的心肺指南建议，或者说是FITTE原则（频率、强度、时间、类型、享受乐趣）。你将会对自己从哪里开始以及心肺适能健身计划有更加深入的理解。

关于心肺运动，美国心脏协会、美国疾病控制与预防中心和美国运动医学会给出的建议稍有不同。请记住，稍微做一点儿有氧运动总比完全不做好，并且每个人都要从某个地方开始，所以不要被这些建议吓倒。即使你多年以来一直是个不做运动的电视迷也没有关系——你可以从今天的走路训练开始。行为的小小变化就可以提升你的健康水平，简单易行并且没有任何成本。你基本上不需要准备什么设备即可随处进行，并且它还充满了乐趣。总而言之，重要的是要动起来！

建议参加 150 分钟（每周 5 次，每次 30 分钟）的中等强度心肺运动或者 90 分钟（每周 3 次，每次 30 分钟）的高强度心肺运动，或者二者兼而有之。另外，如果你目前还没有能力完成连续30分钟的心肺运动的话，你可以分成2 ~ 3次完成，每次做10～15分钟，这样你依然可以从中受益。假如你比较忙，抽不出时间来锻炼的话，这种方法就很有意义。你在一天里总可以找到10～15分钟的空闲时间，或者你可以早上锻炼15分钟，中午或晚上再做15分钟的运动。研究表明，这种累加式的锻炼与一次性锻炼的效果一样好。

成功自测

- ☑ 将你每周进行心肺运动的日子写下来。
- ☑ 将每次进行有氧运动的时间（10～30分钟）写下来。
- ☑ 确保日期和时间能够适应你的日程安排。

强度等级

接下来要选择一个强度等级，这对于你的健身计划的成功至关重要。不测量自己的运动强度是初学者最容易犯的错误之一。不努力锻炼会导致付出没有结果或者遭遇挫折，而用力过猛则会致使身体筋疲力尽、遭受伤痛。温和的心肺运动会使呼吸频率稍稍加快，并且对健康有益。紧张（激烈）的有氧运动不仅对健康有益，而且可以有效地减脂，提升健康水平。接下来我们一起看看监控心肺运动强度的三种方式，以此来判断自己的锻炼节奏是恰到好处还是过于紧张。

谈话测试

如果你是初学者，那么谈话测试就是判断心肺运动强度的一个简单方法。你不需要任何设备或无须进行特殊训练。在谈话测试中，你一边运动，一边应当能够说出完整的句子，但无法做到轻松自如地交谈。如果你不事先喘口气就说不出一个完整的句子的话，说明你运动的强度过大；相反，如果你边运动还能边唱歌的话，那就说明你还不够努力。在心肺运动过程中能够交谈的能力可以确保你的运动强度是安全的。注意，这个方法只针对新手而非资深的运动爱好者。随着你逐渐增大运动强度、加快频率并且延长运动时间，在心肺运动方面取得进展时，你就需要利用各种不同的监控手段来提高自己的心肺适能水平。

主观运动强度（主观用力程度分级）(RPE)

这可能是测量运动强度最简单、最有效的方法了，适合任何年龄阶段，而且运动新手和资深运动爱好者都适用。它需要你依据自己的感觉从身心两个方面来评估所进行的运动强度，强度等级从0到10。很少运动的电视迷的主观运动强度为1，而10则代表竭尽全力。由于这个分级十分具有个性化，所以它主要基于你目前的健康水平以及对运动的看法。

对于大多数成年人来说，主观运动强度控制在5～6比较合适，这意味着你应当感觉自己可以长时间运动；尽管呼吸急促，你还是能够进行简短的对话。建议运动新手或者带有危险因素的运动爱好者从强度在 3 ~ 4 的运动项目开始，此时你能够轻松自如地呼吸，并且可以继续交谈。在进行自我评级时不要忘记检查一下呼吸急促的感觉以及肌肉普遍的疲劳感。

对于那些心率反应已经改变或者正在服用 β 受体阻滞剂药物的人们来说，RPE 是检测运动强度的主要方法，因为它能够避免心率上升。孕妇也适合使用 RPE，因为她们的能量水平不稳定，运动强度范围也非常宽泛。除此之外，使用这个方法不需要中途暂停来寻找脉搏或查看心率监视器。

成功自测

☑ 在进行心肺运动的前 3 周，一定要选择一个自己感觉最舒适的主观运动强度等级。

靶心率

测量心肺运动强度的最后一个方法就是靶心率，它同时也是最常用的方法之一。每个人由于健康状况不同，都有特定的心率范围或区间。计算出适合自己的理想心率范围需要几个步骤，在这个心率范围内进行运动意味着你所进行的运动强度足以改善你的运动适能。

过去我们依靠通用的年龄预测法来计算最大心率，并据此确定靶心率，计算公式是 220 减去年龄，每分钟有正负 12 次的心率误差。但是你可能是一位身体健康的 60 岁老人，如果按照这个公式的话，你的靶心率就会过低；或者你也可能是一个工作压力过大、身材走样的 25 岁年轻人。最近，研究提出了一个计算靶心率的更精确的方法——Tanaka 法。以下就是利用靶心率范围计算强度水平的四个步骤。

一旦你了解到自己的靶心率范围，那么在运动过程中，你就可以通过戴在手腕或胸部的心率监视器，也可以手动数一下在 10 秒钟内脉搏跳动的次数，进行定期检测。当你检查脉搏时，要从 0 开始数，然后乘以 6，这样就可以计算出每分钟的脉搏次数。

随着你不断进步，变得越来越健康时，你每 2 个月就要重新计算一下自己的靶心率。如果你是运动新手，并且由于药物、伤病或者健康状况而有种种运动限制时，你应当达到最大心率的 60% ~ 70%。如果你是资深的运动爱好者，那么你的心率水平应该更高，达到最大心率的 70% ~ 85%。请注意，假如你正在服用诸如 β 受体阻滞剂等药物的话，你就不能使用靶心率计算公式，因为这些药物不允许心率上升；这样的话，你可能会呼吸困难、大汗淋漓，但是这些药物却阻碍心率升高，你将无法达到靶心率范围。建议使用谈话测试和 RPE 等监测方法代替。并且如果你正在服用这些药物的话，你还需要跟医生讨论一下相关的运动限制。

计算靶心率

1. 通过 Tanaka 公式计算自己的最大心率：
   最大心率 =208–0.7× 年龄（结果取整数）；
2. 减去自己的静息心率（脉搏）；
3. 乘以你所选择的强度等级（初级、中级、高级）；
4. 加上静息心率（脉搏）。

例如：南希今年 28 岁，静息脉搏 76，是一个运动新手。她的强度等级为 40%（最低）到 60%（最高）。

28（年龄）×0.7=19.6（取整数 20）
208–20=188，她的最大心率
188–76（静息心率）=112
最大值的 40%×112=44.8（取整数 45）
45+76（静息心率）=121 次每分钟
最大值的 60%×112=67.2（取整数 67）
67+76（静息心率）=143 次每分钟
南希的靶心率范围为 121 ~ 143 次每分钟。

*新手的强度是 40% ~ 60%。

成功自测

☑ 按照下列步骤，计算自己的靶心率范围。

1. 年龄 ×0.7=_____（取整数）。
2. 从 208 中减去这个数字 =_____。
3. 减去静息心率 =_____。
4. 乘以最低百分比 =_____重新加上静息心率 =_____。
5. 乘以最高百分比 =_____重新加上静息心率 =_____。
6. 我的靶心率范围从_____到_____次每分钟。

最佳心肺运动

心肺运动的种类繁多，包括健身器械、有氧运动课程以及娱乐性运动。锻炼心肺系统的方式也有很多，找到适合你目前的健康和健身水平，同时又可以满足个人偏好的那一种非常重要。

心肺机

跑步机、踏步机、椭圆机、弧步旋转器都属于可以为整个身体减脂的心肺机。如果你是个新手或者有健康问题（肥胖或关节问题）的话，你最好每隔一天用这种机器锻炼一次，这样可以给你的关节（踝关节、膝关节和髋关节）留出休息时间。动感单车、划船器、坐式踏步机以及 UBE（上肢测力计）都是以坐姿进行运动，可以帮助各处关节解决体重问题。请记住，所有的心肺机都可以使身体的大型肌肉群得到锻炼，不管你处在怎样的健康水平，它们都可以起到很好的锻炼效果。如今的心肺机也做得非常复杂精巧，有专门为智能手机、平板电脑以及 MP3 播放器准备的插口，有些甚至还有内置电视。许多机器都装备有心率监测器，训练模式繁多，从走路锻炼到精英跑步训练模式都有。一些机器还有可选择的手臂运动和腿部运动。

当你为自己的心肺运动选择训练器械时，请确保一定要多挑选几种，因为每种机器锻炼肌肉的方式都稍有不同，着重锻炼的肌肉部位也各不相同。周一你可能会在跑步机上（锻炼下肢），周三在划船机上（主要是锻炼上肢），周五在椭圆机上（上下肢同时锻炼）。另外一个选择是在踏步机上做 15 分钟的运动（锻炼下肢），然后在 UBE 上做 15 分钟（锻炼上肢）。或者在跑步机上锻炼 10 分钟（体重）；骑 10 分钟自行车（坐式）；在踏步机上运动 10 分钟（体重），这样在锻炼间隙可以给你的关节一个休息时间。

确保所挑选的机器适合你的身体。自行车座的位置太高或太低都可能会不舒服，并对膝关节和髋关节造成额外的压力。并且不同品牌的椭圆机的动作幅度也各不相同，对于个子过高或过矮的人群来说可能会造成一些尴尬和困扰。请记住，在运动新手眼中心肺机可能看起来很吓人，但是在健身房经验丰富的工作人员的正确示范下，它们还是很容易操作的。不要害怕去询问这些机器的使用方法，这样你才能知道怎么用。

有氧运动课程

各大机构和健身中心都推出了各式各样的有氧运动课程。这其中就包括 Hi-lo 健美操、踏板操、健身训练营、尊巴舞、街舞、无氧间歇、水中有氧操、交叉健身、运动训练、跆拳道以及动感单车。新的课程还在不断推出，新的种类和技巧也被不断引入。许多课程都设置有入门级别；在部分课程中技巧是需要考虑的因素之一，或者说它是专门为较高水平的健身人士设计的。你可能会想要首先观察一下课程，看看它是否是你想要做或者有能力做的一些事情。为了能够安全、有效地锻炼，务必确认授课教练经过了信誉良好机构的考核认证。你可以要求看一下他们的相关证件。

在开始进行有氧运动课程之前，首先进行轻度的有氧热身运动，然后再逐渐过渡到适度或高强度运动，它们可能会由多种类型的动作组成，这与课程类型有关。例如，踏板操是在 6 ~ 8 英寸高的踏板上，随着音乐有节奏地进行步伐移动。

Hi-lo 健美操是一种传统的有氧运动，分为编排式或自由式两种。跆拳道模仿拳击和武术动作，街舞和尊巴舞也有属于自己的节奏、风格和步伐。健身训练营课程动作简单，但是强度巨大，模仿军事化训练动作。运动训练课程模拟使用绳索、锥形体和敏捷梯子的特定运动；水中有氧操可以在浅水池中进行，因为其中的许多动作都是由陆上的有氧运动改编而成的，或者只要参与者们戴上浮力带也可以在深水中进行。其他的水中有氧操课程则会使用泳池泡沫条、船桨和浮板等水中运动器材。

　　健身中心或机构开设的所有课程通常都会有课程类型的描述以及健身等级划分：初级、中级或高级。之后就是放松练习和伸展运动，并且在部分课程中还包括腹肌练习以及自由体操。

　　以下就是参加健身班的好处。

- 激昂的音乐让人斗志昂扬。
- 友谊是健身的动力——和朋友、家人或者邻居一起去。
- 各种不同类型的运动让你时刻具有新鲜感。新的课程不断被推出。
- 社会支持鼓舞人心；同班学员会为你加油打气。
- 没有太多的约束和要求；你可以尝试不同的课程，直至找到合适的为止。
- 经过资格认证的健身教练会对运动进行调整，以适应你的健身水平。

娱乐性运动

　　球拍类运动、篮球和足球等娱乐性运动也是极佳的有氧运动。这些运动中绝大多数都需要特定的技巧以及专门的设备、场地和组员。而像游泳、在户外骑自行车这类运动不仅可以健身，也可以单独进行。这些运动也同样需要特定的运动区域，例如场地、泳池或装备等。最后，走路和跑步这两种运动在任何健身水平下均可进行，你可以选择单独完成或与其他人一起。记住，任何可以锻炼身体大型肌肉群的运动，只要遵循频率、强度和时间的指导方针，都属于有氧运动的范畴。

乐趣

　　被加入到 FITTE 原则中的最后一条建议 E 就是指享受乐趣（enjoyment）！这个重要的细节经常被忽略。从长远来看，参加自己所喜欢的运动是取得成功的关键。与那些没有选择自己所喜欢运动的群体相比，参加自己所喜欢运动的群体往往会有更高的参与度、更好的锻炼持久性以及参加锻炼的动力。做一些自己喜欢的事情很容易就可以改变自己不健康或不喜欢运动的坏习惯。如果你不喜欢骑自行车，那就不要参加自行车课程；如果你喜欢音乐和跳舞，那不妨报名参加街舞或尊巴舞课程。赶时间？你可以在跑步机上一边走一边看电影或电视节目；如果你热爱篮球，那就不要在踏步机上浪费 45 分钟了。乐趣与坚持和结果直接相关。

成功自测

☑ 写下三种你自己喜欢或者想要尝试并打算将它们放入健身计划中的有氧运动。

健身进展

你在心肺运动方面取得的进展与自己的起点有关。如果你是一个运动新手，那么你的心肺锻炼计划应该分成三个阶段进行，时间、频率和强度逐级累加。这三个阶段分别被称作初始阶段、提高阶段以及维持阶段。

初始阶段，或者说是健身计划的初始期，大约持续 1 ~ 5 个月，具体时间要取决于你最初的健康状况。一旦你能够做到按照 60% 的运动强度，每周 3 ~ 4 天，每次锻炼持续 25 ~ 30 分钟时间，你就可以进入提高阶段了。这一阶段持续的时间跨度极大，从 6 个月到 2 年都有可能，它不仅取决于你运动时的身体状况，而且与生活中的其他事情有关：疾病、死亡、育儿、迁居、服兵役、假期、伤病、学校教育以及工作。在你努力实现自己目标的道路上，健身锻炼与生活的冲突时有发生。在这一阶段，你应该能够做到按照靶心率的 70% ~ 85% 每周进行 3 ~ 5 次的锻炼，每次锻炼持续 35 ~ 40 分钟。最后，在维持阶段，你锻炼的时间长度依然不确定。在这一阶段，要想维持身体的有氧适能，至少需要以一定的强度每周完成 3 次锻炼，每次锻炼持续 20 ~ 30 分钟。有氧运动日志是一个很有用的工具，它可以帮助你追踪进行有氧运动的次数、天数以及运动强度。当你回头看自己一路来取得的进展时，你可以利用它来促进实现目标或激励自己。在表 4.1 的空格处记录你所进行的有氧运动类型、运动时间长度、距离（如果你走路或跑步）以及运动的强度。手机应用和网站也可以储存这些信息。

表 4.1 **有氧运动日志范例**

有氧运动日志	周_____		日期_____	
日历日	运动	持续时间	等级或距离	运动强度或心率
周一				
周二				
周三				
周四				
周五				
周六				
周日				

来源：From N. Naternicola, 2015, *Fitness: Steps to success* (Champaign, IL: Human Kinetics).

当你以一名运动新手的身份依次完成这三个阶段时，在增加运动强度之前先要增加运动的持续时间。举个例子，如果你在坡度为 0 度的跑步机上以每小时 3 英里的速度持续运动 10 分钟的话，那么你在提速或增加坡度之前就需要先延长运动时间。等到你能够走 25 ~ 30 分钟，你就可以通过提高速度或增加坡度的方式开始增大运动强度，不建议同时提升运动强度和运动时间。如果你能够按照靶心率的最高上限持续运动 24 ~ 30 分钟，并且在运动结束后的 2 ~ 3 周内不会有极度疲劳的迹象，你就应当进入下一个阶段了，因为此时你的身体已经适应了当前的强度和时间，这项运动对你来说已经变得过于简单了。这就意味着你的心肺功能已经得到了强化和提升。

心肺运动小结

心肺运动在维持健康和积极的生活方式方面扮演着重要角色。你的健身计划应当包含一系列的运动。不要害怕尝试新事物，比如去学习尊巴舞或进行 5 千米长跑比赛。确保健身计划能够显示出自己的目标和时间安排。当感觉运动变得过于简单时，那就增大运动强度。

在迈出下一步之前

1. 你是否列出了在接下来的 4 周时间内进行心肺运动的日期（频率）以及时间（持续期）？
2. 你是否计算或确定了自己目前的健康以及健身水平？
3. 你是否已经确定了监控运动强度的最佳方式？
4. 你是否已经列出了自己即将进行的心肺运动类型？

肌力与肌耐力

肌力与肌耐力紧密相关，并且对日常活动有着重要影响，正是靠着它们，你的身体才能够随意移动、推拉物体。肌力指你一次能够举起的重量。进行重负荷低重复率训练可以锻炼快缩肌纤维，增大肌肉体积，增强肌肉力量与爆发力。肌耐力指你能够举起重物的次数。进行轻负荷高重复率训练可以锻炼慢肌纤维，增强肌肉的耐力，提升肌肉张力。

影响肌力和肌耐力的因素

肌力和肌耐力受诸多因素的影响，包括遗传、性别和年龄。其中遗传因素至关重要，在肌肉组织（即肌力、肌耐力、肌肉大小和外观）中起着至关重要的作用。

遗传

你遗传到的肌纤维（快缩肌纤维和慢缩肌纤维）的类型和数量决定了身体的外观。即使像阿诺德·施瓦辛格一样锻炼，也得不到阿诺德·施瓦辛格一样的身体！肌肉中快缩肌纤维含量越高，肌肉体积和力量的增加就越容易；相反，肌肉中慢缩肌纤维含量越高，肌肉耐力就能够得到更好的锻炼。最重要的是，你需要认清自己的肌肉类型的特点和局限性，这样设定的健身目标不仅实事求是，而且适合自己的体形及兴趣爱好。举个例子，勒布朗·詹姆斯不会在体操方面有出色的表现，同样，加布丽埃勒·道格拉斯也不会是奥运会篮球代表队的候选对象。此外，一些人天生肌肉短小，而另一些人的肌肉则较长，与前者相比，后者在肌肉大小和力量方面更容易取得成就。

性别

尽管性别与肌肉质量无关，但是它的确影响着身体肌肉的数量。通常来讲，男性要比女性强壮，因为他们的体形较大，并且肌肉占了全身体重相当大的一部分。然而，就每个单位的肌纤维的力量来看，它们仅比女性高2%，这是因为男性肌纤维尺寸大一些。而且男性体内的睾丸素含量要远高于女性，这种激素可以有效促进肌肉组织的增长。

女性往往害怕进行力量训练，因为她们认为这样做会使肌肉变大。但是由于体内的睾丸素水平较低，除非她们多年以来一直坚持进行高强度训练，并且服用营养补充剂来促进肌肉增长，否则肌肉体积不会大幅度增大，体重也不会有明显增加。通过负重训练，女性的确可以改善体成分，强化肌肉，增大力量。在举重训练的头一两个月，大多数未经训练的女性每周进行 2 ～ 3 次的举重训练可以增加 1.5 磅的肌肉，同时减少 3.5 磅的脂肪。

年龄

不管处于什么年龄阶段，任何人都可以增加肌肉的体积、力量和耐力，虽然处于 10 ～ 20 岁年龄段的训练者的进步最为明显。在逐渐衰老的过程中，肌肉会逐渐萎缩，而这反过来会使肌肉丧失力量和耐力，导致日常活动能力减弱。对于老年人来说，要想独立并快乐地生活，重量训练必不可少。

其他因素

影响肌肉力量和耐力的其他因素还有营养、休息和健身计划的设计。如果饮食过少，或者没有摄取多种健康蛋白质、碳水化合物以及脂肪，那么你的身体就会处于饥饿模式，所以时间一长，你的身体就会开始储存蛋白质，靠燃烧肌肉获得能量。步骤 9 "营养" 就专门探讨了健康饮食和良好的食物选择。

缺乏休息（过度训练）也会对肌肉锻炼产生负面影响。当你试图通过举重训练锻炼瘦肌肉时，你的肌肉组织就会出现细小的撕裂伤，需要经过充分的休息才能够修复和重建那些肌纤维。恰当的休息能够使肌纤维得到时间修复，从而提升肌力和肌耐力。

最后，健身计划的设计也对肌力与肌耐力有一定的影响。每周 2 次举重训练、每次完成一组 8 ～ 12 次的重复动作，可以提升肌肉力量和耐力。请记住，如果你无法将重物举起 8 次，那就说明重量过大；但是如果你能够轻轻松松地举起 12 次，那你就要增大重量了。举重训练计划由针对每个肌肉群的多种训练组合而成，每周 3 ～ 5 天，每天 3 ～ 5 组训练，每组重复做 8 ～ 12 次，这将会使你的体格变得更加健壮。此外，长期不改变自己的健身计划会使你进入锻炼的瓶颈期，看不到健身成果，因为你的身体经过长期的锻炼，已经适应了你对它施加的压力。举重训练计划每隔 4 ～ 6 周就需要重新进行调整，不断挑战你的肌肉组织，使其以不同的方式完成动作。这可能涉及改变运动项目、训练组数、每组的重复次数、设备、重量大小以及训练方式。

增强肌力与肌耐力的益处

尽管大部分人最开始都是怀着改善体形的目的开始力量训练的，但是你应当进行重量训练的理由还有很多。除了改善体成分（体形）外，你会变得更加健壮，消耗更多的热量，改善姿势，提高骨骼健康水平，降低受伤和患病风险，身体力量更加充沛，自我感觉也会更好。

不管你进行的是哪一种重量训练，不论是强度较大的肌肉训练还是强化身体的锻炼，肌体力量都会得到增强。日常活动会变得更加简单，因为肌肉越强壮，活动能力就会越强，不管你是一名专业运动员还是想要打开一罐泡菜的普通人都是如此。除此之外，通过改善身体的平衡和协作能力，强健的肌肉可以帮助身体预防损伤，从而降低跌倒的风险。

由于肌肉组织非常活跃，所以它每周 7 天、每天 24 小时都在消耗热量。增加额外的肌肉重量可以提升你的静息代谢率，即使你不运动也能使热量消耗增加。并且，一磅重的肌肉要比一磅重的脂肪更为致密——它比一磅脂肪所占的体积更小，所以在减肥之前你的腰身会先变细。你的体重在最开始不会有太大的变化，但是你的体形会得到改善，因为瘦肌肉增多，身体变得更加结实，而且脂肪层变薄。瘦肌肉体积增大会更容易维持健康的体重。

通过举重训练，你的身体姿势会进一步改善，因为你的核心肌群、背部和双肩都会比之前更加强壮。不管是坐还是站，你的背部会比以前挺得更直，并且不会很快地产生疲劳感。并且由于重量训练对骨骼组织施加的压力增大，你的骨密度也会进一步提高。而骨密度提高有助于预防骨质疏松症。另外，重量训练也能够改善关节功能，对胰岛素抵抗也会产生积极影响（胰岛素抵抗与患糖尿病有关）。同时，重量训练也会增加胃肠传输时间，而它与结肠癌有一定的内在联系。

肌肉越发达的人群能量水平越高，因为他们的精力更好且不容易感觉疲劳。他们的睡眠质量也会得到提升，这也有助于能量水平的改善。体形偏瘦的人群一般会更加自信和有魅力，自尊心也会更强，这会使心情变得更好。

成功自测

☑ 举出三个你可能会从力量训练中获益的原因。

肌力与肌耐力的 FITTE 原则

重量训练的频率、强度、时间和类型以及抗阻运动类型取决于你的健身目标：一般的肌肉适能、肌耐力、肌肥大、肌肉力量或爆发力。这些方面也影响着力量锻炼的速度和水平。

频率

重量训练的最佳频率取决于健身计划的量（数量）和强度（质量）以及你目前的状态（见表 5.1）。由于肌肉组织的微小撕裂伤（创伤），重量训练的训练量和强度增加就需要给肌肉更长的恢复时间；反之，训练量和训练强度降低，肌肉组织的创伤也会减少，肌肉所需的恢复时间也会随之缩短。如果你目前没有进行力量训练或者没有掌握什么运动技巧的话（运动新手），你可以每周进行 2 ~ 3 天的训练。如果你处于中级或高级阶段，就要看你有多少空闲时间以及日程安排，你可以每周进行 3 ~ 7 天的锻炼。你的日程表上可能留出一些时间，进行每周 3 天、每天 1 小时的锻炼，或者是每周 5 天、每天 30 分钟的锻炼。或者你也可以在完成心肺锻炼后进行 15 分钟的力量训练。总之，最重要的是能够在日常安排中空出一定的时间，将重量训练加入健身计划中。以下就是如何根据每周的训练天数以及日程安排表可利用的空闲时间将肌肉组织进行划分的范例。请记住，你可以选择将多组肌肉群进行组合训练，这里只是提供一个范例而已。

2 天：上肢和下肢

3 天：胸部和背部、双肩和双腿、肱二头肌和肱三头肌

4 天：胸部和肱三头肌、双腿、背部和肱二头肌、肩部

5 天：胸部、背部、双腿、肩部、肱二头肌、肱三头肌

表 5.1　训练频率一般准则

训练状态	每周的训练天数
初级：目前没有训练或刚刚开始，没有什么运动技能	2 ~ 3
中级：基本技能	3 ~ 4
高级：高级技能	4 ~ 5

来源：Adapted, by permission, from T.R. Baechle, R.W. Earle, and D. Wathen, 2008, Resistance training. In *Essentials of strength training and conditioning*, 3rd ed., edited for the National Strength and Conditioning Association by T.R. Baechle and R.W. Earle (Champaign, IL: Human Kinetics), 389.

强度

重量训练的推荐强度不仅与举起重物的重量、锻炼的组数和重复次数有关，而且与健身目标密不可分，如表 5.2 所示。如果你只是想强身健体，可以选择最小的运动量，每个肌肉群（全身）进行每周 2 次的训练，每次完成一组 8 ~ 15 次的重复训练。如果你对重量训练毫无经验或者没有太多空闲的时间，这样的运动强度非常理想。如果你是一名经验丰富的举重运动员，但是在过去 6 个月甚至更长的时间没有进行举重训练的话，这也同样是一个完美的运动起点。在前 3 周以这样的强度开始训练可以让你的肌肉为更高强度的运动做好准备，同时也给了结缔组织（韧带和肌腱）足够多的时间来适应肌肉新的要求，从而降低了身体的受伤风险。

表 5.2　基于训练目标的推荐强度

训练目标	组数	重复次数
肌肉适能	1 ~ 2	8 ~ 15
肌肉耐力	2 ~ 3	> 12
肌肥大	3 ~ 6	6 ~ 12
肌肉力量	2 ~ 6	< 6
爆发力： 　一次 　多次	 3 ~ 5 3 ~ 5	 1 ~ 2 3 ~ 5

来源：Adapted, by permission, from T.R. Baechle, R.W. Earle, and D. Wathen, 2008, Resistance training. In *Essentials of strength training and conditioning*, 3rd ed., edited for the National Strength and Conditioning Association by T.R. Baechle and R.W. Earle (Champaign, IL: Human Kinetics), 406; W.L. Westcott, 2003, *Building strength and stamina*, 2nd ed. (Champaign, IL: Human Kinetics).

肌肉耐力

如果你想增强肌肉耐力，2 ~ 3组的训练、每组至少重复做12次的练习必不可少。肌肉耐力在日常生活中扮演着重要角色，因为你的肌肉需要无时无刻地工作来支撑身体的重量。如果你想要长期维持一项活动、搬运物体或者长时间保持一个姿势的话，肌肉耐力也必不可少。增强肌肉耐力也就增加了精力，这样可以减少身体的疲劳感。

肌肉体积

肌肥大（增加肌肉体积）需要进行3 ~ 4组训练，每组重复做6 ~ 12次。你想要或需要更大块肌肉的原因可能有很多，包括外观或者随之增大的肌力，使其功能性或运动表现更佳。健美运动者需要的不仅是肌肉的尺寸，而且还有对抗肌群的对称性，例如肱二头肌和肱三头肌以及上肢和下肢整体的对称性。

肌肉力量

如果你的目标是增强肌肉力量，那么2 ~ 6组的训练、每组不多于6次的重复练习必不可少。一般来说，人一生中所有的身体活动都要用到肌肉力量，包括搬运杂物、下车等。肌肉力量指举起或推拉重物的力量。拥有强健的肌肉可以有效地预防身体损伤。虚弱无力的核心肌群（下背部和腹部肌肉）会增大下背部损伤风险，并最终导致身体出现慢性疼痛。

肌肉爆发力

肌肉爆发力的提升需要进行3 ~ 5组训练，每组一次性完成1 ~ 2次重复练习，或者分多次完成3 ~ 5次重复练习。怀有这种训练目标的大多是竞技类的运动员。利用肌肉爆发力的运动项目包括跳高、疾跑、奥运会的举重比赛以及在足球比赛中突破防线等。如果你的目标是锻炼肌肉爆发力，那么你一定要小心身体肌肉的增加，因为肌肉过多会影响你的运动表现。

多样性

请记住，每隔 4 ~ 6 周你就应当调整自己的健身计划，因为你的肌肉会逐渐适应训练、抗击能力以及多次的重复训练。你的身体也会进入瓶颈期，如果不改变自己的训练常规的话，健身就很难再取得进展。

你需要通过完成各种类型的运动、改变训练的组数、每组重复训练的次数以及训练目标来实现这些变化。举个例子，你可能只对身体健康感兴趣，那么你的训练就是进行一组 8 ~ 10 次的重复训练。你仍然可以保持进行 1 组 8 ~ 10 次的训练强度不变，只改变其中一部分的运动设备。或者你可能已经完成了为期 6 周的肌肉耐力训练，转而进行 6 周的肌肉增大训练。另一个例子是改变参与锻炼的肌肉组，比如让胸部和背部而不是胸部和肱三头肌同时得到锻炼。背部和胸部的肌肉恰好是一组对抗肌肉群，所以当胸部肌肉收缩，背部肌肉就会拉伸，反之亦然。同时锻炼胸部和肱三头肌会额外增加后者的运动量，因为胸部运动同样也要借助肱三头肌进行。

时间

每组训练之间推荐的间隔时间（休息）与训练目标有关，同时也是训练项目（见表 5.3）的重要部分。休息能够让肌肉得到恢复，在整个锻炼过程中帮助你维持能量水平。

表 5.3　基于训练目标的休息间隔

训练目标	休息
肌肉适能	30 ~ 90 秒钟
肌肉耐力	≤ 30 秒钟
肌肥大	30 ~ 90 秒钟
肌肉力量	2 ~ 5 分钟
爆发力： 　一次 　多次	 2 ~ 5 分钟 2 ~ 5 分钟

来源：Adapted, by permission, from T.R. Baechle, R.W. Earle, and D. Wathen, 2008, Resistance training. In *Essentials of strength training and conditioning*, 3rd ed., edited for the National Strength and Conditioning Association by T.R. Baechle and R.W. Earle (Champaign, IL: Human Kinetics), 408; W.L. Westcott, 2003, *Building strength and stamina*, 2nd ed. (Champaign, IL: Human Kinetics).

这些短暂的休息时间从 30 秒钟到 5 分钟不等。然而，如果你正在进行的力量训练是由 8 ~ 10 种运动组成，每种运动需要进行 1 组 8 ~ 15 次的重复训练，时间较短的恢复期对你的呼吸循环系统有更大的影响。假如你正在减肥或控制体重但是运动时间又不多的话，这样的恢复期对你来说就再合适不过了。

健身设备类型以及你的兴趣

由于个体、个人偏好以及可用的健身设备的不同，建议进行的重量训练类型也会有所不同。你想要（或者可以）使用自由重量器械、举重器、阻力带、健身球或者你自身的体重？你想在家锻炼还是去健身中心？你喜欢使用哪种健身设备或技巧？你也可以选择参加关注重量训练的健身课程，例如交叉健身、全身抗阻力锻炼、莱美杠铃操、健身训练营或运动调理课程。你的选择以及可用的设备应当可以反映你目前的健身状况、计划表中可用的闲暇时间、重量训练的经验以及你真正想要进行的锻炼项目。

不可移动的健身器械

力量训练器械是由各个设备部件组成的，在这些器械上你可坐、可站、可躺。当你的身体进行推动和拉伸动作时，器械会指引着身体完成训练。如果你是运动新手的话，这种方法就再合适不过了，因为它们操作简便——机器指引着你完成一系列动作，展现出一系列恰当的姿势，并且针对特定的肌肉群进行，从而降低受伤风险。如果你的运动时间有限，它们也同样是很好的选择，因为你可以通过训练快速地取得进步；你坐在器械上选择一个重量，无须添加或取下杠铃片或者调整适应另一组哑铃，并且也不需要教练员从旁协助，举起重物。每台器械上张贴的操作说明不仅解释了正确的锻炼姿势和技巧，而且还说明了每个动作所用到的肌肉。然而，器械的缺点在于它是以同样的方式完成同样的动作，很少能够使稳定肌群得到锻炼，会让人产生厌倦感。

自由重量器械

自由重量器械包括哑铃、杠铃、健身滑轮器、健身球、壶铃、踝部负重袋和人体——任何能够在三维空间中自由移动的设备都可称之为自由重量器械。与健身机器相比，利用自由重量器械进行的运动能够有效地锻炼在运动过程中对身体起着支撑作用的稳定肌群。自由重量器械更多的是模仿日常生活中经常进行的动作。此外，它们也可以改善身体的平衡力和协作能力：坐在机器上完成一组胸部推举锻炼要比躺在长凳上用哑铃完成一组推举训练容易得多。除此之外，自由重量器械需要更多的脑力参与，因为它们要训练你的身体来辨认处于空间的什么位置（本体感受）或者身体是否平衡。如果你参加了既具有竞技性也不乏娱乐性的体育运动的话，这一点就显得非常重要。

自由重量器械具有多种用途。你可以利用一组哑铃或杠铃，甚至是你身体自身的重量来进行各种各样的锻炼。它们的不足之处在于你需要一定的技巧、正确的姿势以及方法才能完成训练，所以你的身体很容易出现偏差，从而使受伤风险增加。与健身机器相比，自由重量器械需要花费更长的时间，因为你需要手动添加或取下杠铃片。你可能也需要教练员的帮助才能完成一组训练。绝大多数举重运动员更愿意同时使用自由重量器械和健身器械。

成功自测

☑ 写下你的重量训练目标（身体健康、肌力、肌耐力）。

☑ 写下每周最适合你日程表的重量训练的天数。

肌力与肌耐力运动常规的组成成分

尽管你可能有特定的重量训练目标，但是所有的重量训练项目都有几个共同点。首先最重要的是，初级和中级训练都应当有 5 ～ 10 分钟的有氧热身运动，比如在跑步机上行走或者跳绳。它能够让聚集在核心肌群的血液流动到四肢，这样可以为正在工作的肌群提供额外的血液，使其温度升高。然后针对即将工作的肌肉群进行轻柔的静态拉伸运动。如果你是一名资深运动者，将主动性伸展（全方位地移动身体关节）作为热身运动可能才能满足运动需求。值得注意的是，如果你的力量训练目标是肌肉爆发力，那就要在训练常规结束时再进行伸展运动。抗阻训练结束后，你应当对所有的肌肉进行静态拉伸。如果你在完成疾跑、跳跃等力量训练之前进行静态拉伸的话，那么你的运动表现可能会受到影响。

接着完成健身计划中的重量训练。这些运动应当首先从大型肌肉群开始，接下来才是小型肌肉群，因为许多小型肌肉组织都被用作稳定（或者帮助）肌群。如果这些小型肌群先产生疲劳感的话，那么较大的肌肉群就无法充分发挥应有的作用。最后，进行运动后的拉伸。在所有针对特定肌肉群的重复训练结束后，你可以选择拉伸参与运动的每一个肌肉群，或者在锻炼结束后对所有的肌肉进行拉伸。

根据手头可用的训练器械，你可以完成无数重量训练运动和组合运动。以下就是常见的重量训练范例，其中有针对全身的整套锻炼或是更复杂的重量训练计划的部分训练常规，在这些训练计划中，肌肉组织被划分并按照不同的时间长度进行锻炼。锻炼的天数取决于你的日程安排以及个人喜好。

常见的重量训练方法

一个训练周期中 8 ～ 10 种针对全身的运动

- 训练器腿部推举（臀大肌、股四头肌和腘绳肌）：105 页
- 臂部复合训练机（外展肌和内收肌）：109 页和 111 页
- 器械背部伸展：121 页
- 坐姿划船（背阔肌、斜方肌、菱形肌、三角肌后束和肱二头肌）：79 页
- 器械胸部推举（胸大肌、三角肌前束和肱三头肌）：72 页
- 器械肩上推举（三角肌）：85 页
- 器械手臂伸展（肱三头肌）：99 页
- 托臂弯举（肱二头肌）：97 页
- 坐姿提踵（腹肌）：113 页

常规分割（2 天）

第 1 天：上肢
- 胸部（夹胸训练器和哑铃推胸）
- 背部（滑轮下拉训练机和 T 形杆划船）
- 肩部（哑铃侧平举和杠铃颈前推举）
- 肱二头肌（斜托弯举和哑铃弯举）
- 肱三头肌（滑轮三头肌下压和坐姿颈后臂屈伸）

第 2 天：下肢
- 臀大肌、股四头肌、腘绳肌（压腿器和自重弓箭步）
- 腘绳肌（收腿卷腹）
- 股四头肌（腿部伸展机）
- 外展肌（踝部负重侧腿抬升）
- 内收肌（腿部内弯机）
- 小腿（坐姿提踵和站姿自重提踵）

常规分割（3 天）*

第 1 天：胸部和背部
- 胸部（仰卧推举、上斜哑铃推举、夹胸训练）
- 背部（背阔肌下拉、单臂哑铃划船、引体向上）

第 2 天：腿部和肩部
- 腿部（托架蹬腿、踏台阶、哑铃弓箭步运动）
- 肩部（坐姿哑铃肩上推举、三角肌训练器、哑铃肩上推举）

第 3 天：肱二头肌和肱三头肌
- 肱二头肌（锤式弯举、杠铃弯举、拉力器弯举）
- 肱三头肌（坐姿肱三头肌下压、肱三头肌后击、手臂屈伸训练机）

*另一组运动组合可以是胸部和肱三头肌、背部和肱二头肌、腿部和肩部。总之，不管怎么组合也不会出错。

常规分割（4 天）

第 1 天：胸部
- （仰卧推举、平板哑铃飞鸟、下斜哑铃推胸）

第 2 天：腿部和肱二头肌
- 腿部（杠铃深蹲、硬拉、坐姿提踵）
- 肱二头肌（臂弯举器、单臂哑铃弯举、锤式弯举）

第 3 天：背部
- （T 形杆划船、背阔肌下拉、杠铃俯身划船）

第 4 天：肩部和肱三头肌
- 肩部（耸肩、斜板仰卧哑铃侧平举、器械肩上推举）
- 肱三头肌（站姿哑铃头顶伸展、拉力器下压、自重臂屈伸）

成功自测

☑ 为每一个身体部位选定一项运动：胸部、背部、肩部、双臂、双腿以及核心肌群。

☑ 列举每一项运动的重复次数以及训练组数。

☑ 列举针对每组肌肉群所进行的运动和所用设备。

☑ 按照运动性能对运动进行排序。

重量训练原则

重量训练的五原则会让你对自己的重量训练项目以及肌肉对压力（锻炼）的回应方式有更加深刻的理解。这些训练原则是逐步发展、专一性、过载、可逆性、收益递减。

逐步发展

逐步发展是指重复训练的次数、完成的训练组数以及运动所用的重量（阻抗力）。理想状态下你可以选择每次只增加其中一项。如果你重复训练的范围为 8 ～ 12 次，而你只能完成 8 次，那么你的进展就是进行重量训练直至能够完成 12 次为止。如果你重复训练的范围为 8 ～ 12 次，并且你也能够完成 12 次的话，那么你的进展就是增加运动的重量。另一方面，如果你无法做到以正确的姿势和方式完成 8 次重复训练的话，就需要减少训练的重量，直至能够以正确的姿势和方式完成整整 12 次的重复训练。

专一性

专一性是指肌肉对加诸本身的特定压力类型（锻炼）的适应与应对。如果你的目标是提高攀爬能力的话，那么你的运动中就应当有专门针对攀爬所用肌肉的练习以及模仿攀爬的动作。这些运动包括针对背部、肱二头肌和前臂的强化锻炼。如果你打算在健美比赛中一显身手的话，那么只做一组 8 ～ 15 次的重复训练是远远不够的。另一方面，如果你是一位终日忙碌的 30 岁商人的话，你为什么还要像当年在校足球队一般进行举重训练呢？请记住，你的成就或者训练的结果都是施加于肌肉的压力和训练类型的特定产物。此外，你的肌肉也会对特定的运动做出回应。

过载

过载是指一旦身体适应了原有的运动强度，就要对肌肉施加额外的压力，以便重量训练能够取得进展。如果没有过载训练，你的锻炼就不会取得进步，你也看不到训练的成果。举个例子，你在运动之初可能会用一只 10 磅重的哑铃完成 1 组重复做 10 次的锻炼，你当时会感觉非常困难。慢慢地你会感觉这项运动变得越来越简单，如果此时你不对肱二头肌额外施加压力的话，你就看不到自己的进步。增加重量（比如换成 12 磅重的哑铃）、多做一组练习（做 2 组）或者增加重复锻炼的次数（完成 12 次）都是增加过载训练的途径。

另外一个针对肌肉进行过载训练的方式是改变重量训练方式。你可以将递减组训练、退让性训练和超级组数训练等方式进行整合。递减组训练是指一旦肌肉疲乏，就通过减少训练重量的方式继续进行 2 ~ 3 组的锻炼。例如，进行肩上推举锻炼时，你可以从 30 磅重的哑铃开始，以标准姿势进行尽可能多的重复训练；然后换成 25 磅重的哑铃，并继续竭尽全力进行额外的重复训练，之后再降至 20 磅重的哑铃。退让性训练是指当肌肉已经力竭时，在教练员的帮助下再额外进行几次重复训练。超级组数训练同时对主动肌和拮抗肌（前部和后部）进行锻炼，两组运动之间不进行休息。例如，同时对胸肌和背肌进行锻炼：完成一组仰卧推举后立即开始进行杠铃划船。超级组数大多是多组快速训练，因为每两组运动之间没有等待或恢复时间。当一组肌肉收缩（胸肌），与之对应的拮抗肌（背肌）就会拉伸。像往常一样，遵守健身计划准则，按照推荐的训练组数和重复训练次数进行锻炼。

可逆性

可逆性是一个要么使用要么失去的简单概念。由于肌肉是一种非常活跃的组织，除非被使用或者有意维护，否则它就会逐渐萎缩——你就会失去自己辛苦锻炼获得的肌力和肌耐力。这也再次重申了将抗阻训练当作生活方式的一部分而非塑形的短期训练的重要性。如果缺乏锻炼，成年人每年将会失去 0.5 磅重的肌肉组织（20 年就是 10 磅），实施活动的独立性和能力也会受到影响。肌力流失的速度大约是获得速度的一半，不过好消息是你可以通过重量训练使肌肉恢复原有能力。

收益递减

收益递减原则认为遗传和性别决定了肌力和肌肉量的潜力。不论进行多少训练，女性都无法像男性一样增肌，不管你训练得多么卖力并且保持与阿诺德·施瓦辛格一样的饮食，你也锻炼不出像阿诺德一样的身体。

重量训练是维持健康和积极的生活方式的关键。重量训练计划应当能够反映出你的健身目标以及日程安排，并且每隔 4 ~ 6 周就要进行一定的调整。在调整健身计划时你会有诸多的选择空间：改变重复训练的次数或组数，抑或改变整个训练常规。举个例子，经过为期 4 周、每周 3 次的针对整个身体的健身训练后，在接下来的 4 周时间内你可能想对上肢和下肢分别进行每周 2 天的锻炼，如周一、周三锻炼上肢，周二、周四锻炼下肢。或者你想要保留原来的全身锻炼不变，但是却改变针对每个肌肉群的运动，比如用胸部推举替代俯卧撑。

调整健身计划的另一个方式就是按照你的日程安排和活动量进行。如果你在夏天已经增加了运动量，那么你可能会想在重量训练上少花点时间，每周中有 2 天进行 20 分钟的全身锻炼。如果你在比较寒冷的月份活动量有所减少，那么你可能会想增加重量训练，并且每个肌肉群都完成多组 45 分钟长的常规分割训练。

休息日是健身计划中最重要的日子之一。韧带和肌腱需要从你对身体施加的额外压力中暂时解脱，喘口气。而且在休息期间，肌肉组织会发生分解和重建。假如不休息的话，你就会发现自己过度训练，并最终破坏你的健身目标。

最常见的运动

不管有没有健身设备，一些颇受欢迎的运动都可照常进行。上肢运动包括俯卧撑和仰卧推举，哑铃提拉或引体向上，肩部推举、肱二头肌弯举以及双臂屈伸。下肢运动包括深蹲、弓步和提踵。针对核心肌群的常见运动有卷腹和背部拉伸。

胸部

胸肌位于胸部，呈扇形。虽然胸肌的主要功能是推举，但是它们也负责肩关节以及肘部以上部位的弯曲和旋转。你利用胸肌来推割草机、举起孩子、掰手腕以及拍手。针对胸部的最佳运动之一就是图 5.1 和图 5.2 所示的俯卧撑。这项运动随处可做。刚开始时，你可以进行双膝跪地的改良版俯卧撑，当然也可按照脚趾着地的正常俯卧撑姿势进行锻炼。

图 5.1 和图 5.2　俯卧撑

图 5.1　标准的俯卧撑姿势

图 5.2　改良版的俯卧撑姿势

运动准备

1. 面朝下俯卧在地板上，将身体的重心转移到膝盖（改良版）或脚趾上。
2. 双手触地，与肩同宽。肘部应指向脚趾方向。
3. 收腹，同时下背部放松。

动作过程

1. 呼气，同时双臂慢慢伸展，但不是僵住不动。
2. 身体的重心转移到双手和双膝（改良版）或脚趾。
3. 脊柱应与头部和颈部对齐；双眼盯住地板。
4. 吸气且身体下移，此时身体与地板之间的距离应不超过 4 英寸；双臂的肘关节贴住身体两侧，然后恢复起始姿势。

注意：改变手掌姿势会对俯卧撑锻炼产生影响。双手手掌间的距离越宽，运动牵涉的胸肌受力越大；距离越窄，运动牵涉的三头肌受力越大。

错误动作
下背部松弛下陷。

动作纠正
腹部和臀部肌肉收紧。

错误动作
头部下垂。

动作纠正
抬头直至后颈部与双肩在一条直线上。

71

图 5.3　器械胸部推举

运动准备

1. 在器械上就座，双脚平放于地面，背部和头部紧贴靠背。
2. 在与胸部齐平的高度抓住两侧的把手（随之调整座位）。
3. 收腹，肩部放松下压。

动作过程

1. 呼气，同时双臂慢慢伸展，但不要僵住不动。
2. 头部和背部紧贴靠背，同时腰部挺直。
3. 吸气，慢慢恢复初始姿势。

错误动作
头部和颈部在推举阶段前伸。

动作纠正
下巴与地面保持平行。

错误动作
双臂下移时动作过猛。

动作纠正
两侧把手慢慢向下移动，中间不要停顿。

图 5.4　夹胸训练

运动准备

1. 坐在座椅上，双脚平放于地面，背部和头部紧贴靠背。
2. 双手握住把手，手臂朝两侧伸展，双臂伸展但不要僵住不动。
3. 收腹，背部放松下压。

动作过程

1. 呼气，同时双臂在体前慢慢收拢，此时腰部应挺直收紧。
2. 吸气，慢慢恢复初始姿势。双臂不能在体后随意移动。

错误动作
头部向前突出。

动作纠正
头部始终抵住靠背不动。

错误动作
双臂推至最高点时肩关节转向。

动作纠正
阻力器抬升之前两侧肩胛骨并拢。

图 5.5　哑铃平板推胸

运动准备

1. 仰卧在平凳上，双手各握一只哑铃，同时双脚平放于地面。
2. 将两只哑铃置于胸部两侧，掌心朝前，同时肘部弯曲呈 90 度角。
3. 收腹，肩部放松后压。

动作过程

1. 呼气，慢慢将哑铃朝天花板方向抬高，直至双臂完全伸展，但并不是僵住不动。
2. 吸气，慢慢将哑铃放回到初始位置。

错误动作
双臂向上抬升时，两只哑铃互相碰撞。

动作纠正
控制好双臂抬升的力度，两只哑铃无限接近但不相触。

错误动作
双臂下移时两只哑铃靠得太近。

动作纠正
双臂朝身体两侧打开，呈 90 度角。

图 5.6 　仰卧推举

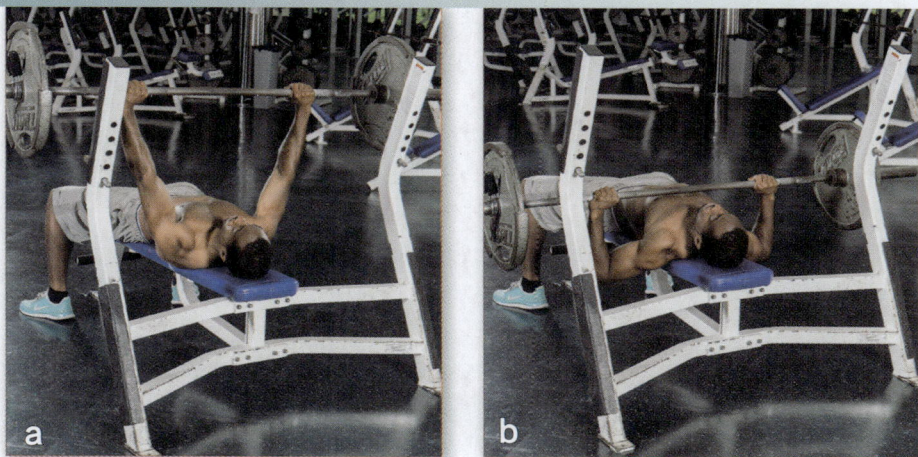

运动准备

1. 仰卧在平凳上，双目恰好位于杠铃杆下方。
2. 双脚平放于地面，双手抓握的距离比肩部稍宽，掌心朝前。
3. 收腹，肩部放松后压。

动作过程

1. 将杠铃从架子上取下并直接放在胸部上方。
2. 吸气，然后将杠铃慢慢放下，直至肘部弯曲呈 90 度角。
3. 呼气，然后慢慢推举杠铃直至肘部伸直，但不是僵住不动。
* 练习变化：运动过程中可能会用到上斜板或下斜板。

注意：当杠铃重量增加时，可能会需要教练员的帮助。

错误动作

下背部拱起或臀部从平凳上抬起。

动作纠正

减少杠铃的重量。

背部

　　背部由三块大型肌肉组成——背阔肌、斜方肌和菱形肌，其中体积最大的是背阔肌，遍布双腋下方的整个背部。它可以使双臂向下、向内旋转，自由泳时双臂向下的动作也需要背阔肌。爬梯子时，它帮助躯体向上攀爬。三角形的斜方肌从背部中间开始，一直向上延伸到颈部并贯穿两侧肩胛骨。它能够使肩部高耸、双臂高抬。斜方肌可以使肩胛骨并拢，位于背部正中央。

　　虽然背部肌肉最大的功能是推举，但是它们也可以支持颈部，稳固躯干和脊柱，这对于良好的身体姿势来讲必不可少。背部从早到晚会不断受到各种压力，因为不管是坐下、下车还是搬运重物都需要动用背部肌肉。以下就是两种强化背部肌肉的运动。

图 5.7　单臂哑铃划船

运动准备

1. 左手握住一只哑铃。
2. 右腿跪在平凳上，膝盖置于臀部正下方。
3. 右手放在肩部正下方位置。
4. 收腹并使颈部位于正中位置。
5. 肩部放松后压。两侧肩关节保持平直。

动作过程

1. 呼气，慢慢将哑铃提升至腰部的高度，同时躯干保持不动。
2. 吸气，缓缓将哑铃放回至初始位置，同时躯干保持不动。

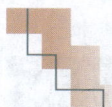

错误动作
起支撑作用的膝盖与支撑手靠得太近。

动作纠正
膝盖应位于臀部正下方；手掌应位于肩部正下方。

错误动作
在最高点时肩关节旋转。

动作纠正
两侧肩胛骨保持水平。

错误动作
朝腋窝方向提升哑铃。

动作纠正
朝腰部方向提升哑铃。

错误动作
头部和颈部上抬。

动作纠正
双眼始终紧盯着地板。

图 5.8　背阔肌下拉

运动准备

1. 坐在背拉练习机上并调整支撑垫的位置，这样两条大腿恰好撑住支撑垫，双脚平放在地面上。
2. 双手宽握拉杆，掌心向前。

动作过程

1. 双臂伸展，背部略微倾斜，双肩后压。
2. 呼气，同时将横杆慢慢下拉至胸部，躯干保持稳定不动。
3. 吸气，使横杆慢慢上升至初始位置，双肩继续保持后压姿势。

错误动作
横杆下拉时身体向后倾。

动作纠正
背部和肩部保持稳定不动；在下拉动作即将结束时向上挺胸靠近横杆。

错误动作
横杆比胸部略低。

动作纠正
双臂下拉时朝横杆方向挺胸。

图 5.9　**坐姿划船**

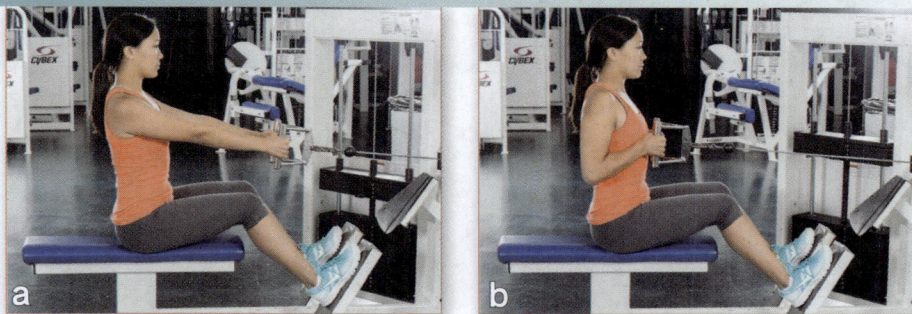

运动准备

1. 在器械上就座，双膝弯曲，双脚牢牢地踩在踏板上。
2. 双手握住把手，挺胸坐直，肩部放松下压。
3. 收腹。
4. 肘关节紧贴身体两侧，同时腕部伸直。

动作过程

1. 呼气，缓缓将把手朝肚脐方向拉伸，两侧肩胛骨相互挤压收拢。
2. 吸气，慢慢恢复初始姿势。
3. 双肩不能向前突出或背部拱起。

错误动作
上背部拱起。

动作纠正
肩胛骨朝后下方拉伸，并且在整个拉伸过程中始终保持这一姿势不变。

图 5.10　T 形杆划船

运动准备

1. 身体呈站姿，双脚踩在踏板上。双手用宽握距正握（掌心向前）T 形杆把手。
2. 收腹，肩部放松后压。

动作过程

1. 呼气，同时将把手慢慢上抬，两侧肩胛骨相互挤压收拢。
2. 吸气，同时将把手慢慢下移至初始位置。

错误动作
胸部过度伸展或背部拱起。

动作纠正
保持背部和胸部平直。

错误动作
肩部向前弯曲。

动作纠正
抬升过程中肩部保持后压姿势。

图 5.11　引体向上

运动准备

1. 身体向上跳跃，两手抓住单杠，掌心向前。
2. 收腹，肩部放松后压。

动作过程

1. 呼气，同时下巴慢慢上移与单杠持平，在这个过程中腿部不要有任何晃动。
2. 吸气，身体慢慢下移，恢复初始姿势。

错误动作
运动过程中下肢发生晃动。

动作纠正
双腿保持交叉姿势，身体徐徐上拉。

错误动作
双臂弯曲。

动作纠正
身体下移时双臂完全伸展。

图 5.12　俯身杠铃划船

a

b

运动准备

1. 正手抓住杠铃杆，双手分开与肩同宽；将杠铃杆上抬，直至双手与膝盖齐平。
2. 背部挺直，双脚分开与肩同宽；以臀部为界背部向前折弯。
3. 收腹，肩部放松后压。

动作过程

1. 呼气，慢慢将杠铃杆朝肚脐方向抬升，肘部始终紧贴身体两侧并向后伸。
2. 吸气，恢复初始姿势。

错误动作
杠铃上举时躯干上抬。

动作纠正
集中精力保持背部稳定。

错误动作
上背部拱起。

动作纠正
肩部后拉；保持头部微微上抬的姿势。

肩部

三角肌就是肩部的圆形肌肉。这块肌肉起着稳定并移动肩关节的作用，同时还可以旋转手臂。它能够使你在行走过程中提升并摆动双臂，并在身体的安全距离内搬运物品。以下就是强化肩关节的运动。

| 图 5.13 | 哑铃侧平举 |

运动准备

1. 双脚分开站立，与肩同宽，双膝略微弯曲。
2. 双手抓住哑铃并置于大腿前方，同时肘部微屈。
3. 收腹，肩部放松后压。

动作过程

1. 呼气，双臂缓缓向两侧举起至双肩水平。
2. 控制好哑铃的重量；避免凭借一股冲力将哑铃举起。
3. 吸气，慢慢恢复初始姿势。

错误动作
冲力会造成哑铃坠落。

动作纠正
动作的速度应当缓慢且克制。

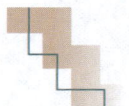

错误动作
哑铃抬升位置过高。

动作纠正
将哑铃抬升至与肩齐平的位置。

图 5.14　坐姿哑铃推举

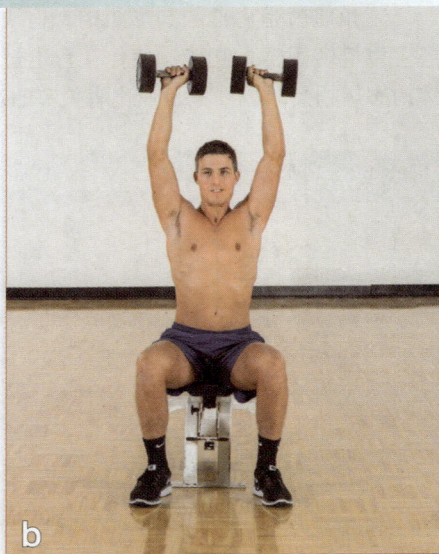

运动准备

1. 坐在长凳上，双脚分开平放于地面，与肩同宽。
2. 双手各握一只哑铃并置于身体两侧，掌心向前，与耳齐平。
3. 收腹，肩部放松后压。

动作过程

1. 缓缓呼气，将哑铃高举过头顶直至双臂完全伸展，但不是僵住不动。
2. 慢慢吸气，并恢复初始姿势。

错误动作
哑铃高举至头顶正上方。

动作纠正
将哑铃置于面部稍前位置。

错误动作
头部和颈部前倾。

动作纠正
背部保持挺直姿势。

图 5.15　　**器械肩上推举**

运动准备

1. 坐在坐垫上，背部和头部紧贴靠背，双脚平放于地面。
2. 双手握住把手，位置比肩膀略高（并随之调整座位的高度）。
3. 收腹，肩部放松后压。

动作过程

1. 呼气，慢慢将把手上推，直至双臂伸直，但不能僵住不动。
2. 背部和头部始终紧贴靠背，且腰部挺直。
3. 吸气，然后慢慢恢复初始姿势。

错误动作
头部和颈部前倾。

动作纠正
头部紧贴靠背，下巴与地面平行。

错误动作
肘关节僵住不动。

动作纠正
肘关节略微弯曲。

图 5.16 肩上推举

运动准备

1. 正手抓住杠铃杆,双手分开比肩略宽,并将杠铃杆高举至胸部前方。
2. 坐在长凳上,双脚平放于地面。

动作过程

1. 呼气,将杠铃缓缓举过头顶,直至双臂伸直,但不能僵住不动。
2. 杠铃应始终位于面部稍前的位置,而不应在头顶正上方。
3. 吸气,慢慢将杠铃放回初始位置。

注意：进行这项运动时你可以选择坐着或站着。

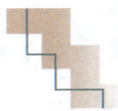

错误动作
身体前倾。

动作纠正
保持背部挺直。

错误动作
肘关节僵住不动。

动作纠正
肘关节始终保持略微屈曲的状态。

图 5.17　站立杠铃耸肩

a

b

运动准备

1. 双脚分开站立，与臀部同宽，正手抓住杠铃杆。
2. 将杠铃置于大腿前方，同时双臂伸直。
3. 收腹，肩部放松后压。

动作过程

1. 呼气，肩部慢慢上耸，双臂保持挺直。
2. 肩部不能发生转动。
3. 吸气，慢慢将杠铃放回初始位置。

错误动作
肩部转动。

动作纠正
整个推举过程中始终保持肩部垂直。

错误动作
推举过程中双臂弯曲。

动作纠正
保持双臂伸直。

图 5.18　　**低位拉力器飞鸟**

运动准备

1. 坐在坐垫上，双脚平放于地面，双手握住把手，与肩同高。
2. 收腹，肩部放松后压。

动作过程

1. 慢慢呼气，双手朝身体两侧旋转，直至与肩部齐平。
2. 保持双臂伸直，但不能僵住不动。
3. 吸气，恢复初始姿势。
4. 两侧把手不能相互接触。

错误动作
头部和颈部前伸。

动作纠正
下巴与地面保持平行。

错误动作
双臂朝肩后甩动。

动作纠正
动作缓慢且克制。

图 5.19　上斜反向飞鸟（后肩部、上背部）

运动准备

1. 双手各握一只哑铃，面朝下俯卧在一张斜椅上。
2. 双臂伸展与斜椅保持垂直，掌心向内。
3. 收腹，肩部放松后压。

动作过程

1. 呼气，将哑铃慢慢抬高，直至双臂与地面平行；两侧肩胛骨互相挤压并拢。
2. 吸气，慢慢恢复初始姿势。

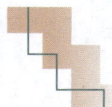

错误动作
头部和颈部前伸。

动作纠正
颈部与脊柱保持在同一条直线上。

错误动作
使用一股冲力完成动作。

动作纠正
在动作的最高点暂停。

图 5.20　哑铃前平举

运动准备

1. 双脚分开站立，与肩同宽，同时双膝微微弯曲。
2. 将哑铃放在大腿前侧，掌心向下。
3. 收腹，肩部放松后压。

动作过程

1. 呼气，右臂慢慢抬高与地面垂直。
2. 吸气，右臂放回到初始位置。
3. 呼气，左臂慢慢抬高与地面垂直。
4. 吸气，左臂放回到初始位置。

错误动作
头部和颈部前伸。

动作纠正
下巴与地面保持平行。

错误动作
肘关节僵住不动。

动作纠正
动作过程中肘关节保持略微弯曲的状态。

肱二头肌

　　肱二头肌位于上臂前侧位置，主要负责肘关节弯曲，比如捡东西或屈肘挠鼻子。肱二头肌也同样负责前臂的旋转，比如拧瓶盖。以下就是强化肱二头肌的运动。

图 5.21　哑铃弯举

运动准备

1. 双脚分开站立，与臀部同宽，膝盖略微弯曲。
2. 双手各握一只哑铃，手臂垂直于身体两侧，掌心向上。
3. 收腹，肩部放松后压。

动作过程

1. 慢慢呼气，并举起哑铃直至肱二头肌完全收缩。
2. 肘关节始终朝下。
3. 慢慢吸气，恢复初始姿势。

注意：你也可以坐着进行这项运动。

错误动作
肘关节前移。

动作纠正
肘关节始终朝向地面。

错误动作
双臂没有完全伸展。

动作纠正
开始和结束动作时双臂始终完全伸展。

错误动作
运动过程中身体前后晃动。

动作纠正
身体挺直，核心肌群收紧。

图 5.22　锤式弯举

运动准备

1. 双脚分开站立，与臀部同宽，双手各握一只哑铃，掌心向内。
2. 收腹，肩部放松后压。

动作过程

1. 呼气，并且肘关节始终向下，然后慢慢上举直至哑铃与肩部齐平。
2. 吸气，然后慢慢将哑铃放回到初始位置。

错误动作
下移时双臂向后摆动的幅度过大。

动作纠正
控制好动作，当哑铃位于身体两侧时停止动作。

错误动作
双臂未完全伸展。

动作纠正
开始或结束动作时双臂应完全伸直。

错误动作
运动过程中身体前后晃动。

动作纠正
身体挺直，核心肌群收紧。

图 5.23　　**拉力器弯举**

运动准备

1. 站在拉力器前，反手握住把手。
2. 双脚分开站立，与肩同宽，同时膝关节略微弯曲。
3. 收腹，肩部放松后压。

动作过程

1. 慢慢呼气，双臂弯举直至肱二头肌完全收缩。
2. 肘关节始终向下。
3. 吸气，慢慢恢复初始姿势——把手不能与身体发生接触。

错误动作
双臂未完全伸展。

动作纠正
开始和结束动作时双臂完全伸展。

错误动作
运动过程中身体前后晃动。

动作纠正
身体挺直，核心肌群收紧。

图 5.24　单臂哑铃弯举

运动准备

1. 右手握住一只哑铃，坐在平凳上，同时双膝分开。
2. 右手肘关节抵住大腿内侧。
3. 胳膊伸直，但并非僵住不动。
4. 收腹，肩部放松后压。

动作过程

1. 呼气，右臂慢慢弯举，直至肱二头肌完全收缩。
2. 吸气，恢复初始姿势。
3. 左手握住哑铃并重复以上动作。

错误动作
上背部拱起。

动作纠正
背部尽可能地挺直。

错误动作
运动过程中肘关节离开大腿。

动作纠正
在整个运动过程中肘关节始终朝腿部下压。

图 5.25　斜托臂弯举

运动准备

1. 反手握住杠铃杆内把手。
2. 上臂抵住靠背，双臂打开直至完全伸直，但不要僵住不动。
3. 收腹，肩部放松下压。

动作过程

1. 呼气，慢慢将杠铃举起，直至肱二头肌完全收缩。
2. 吸气，慢慢将杠铃放回到开始位置。

错误动作

头部和颈部前伸。

动作纠正

下巴与地面保持平行。

错误动作

肘关节僵住不动。

动作纠正

当双臂伸展时，肘部微微弯曲。

图 5.26　**托臂弯举**

运动准备

1. 坐在座椅上，双脚平放于地面。
2. 双手肘关节放在托板上，与肩同宽，位置比肩关节稍低（随之调整座位）。
3. 抓住两侧把手，确保肘关节与机器的转轴（轴心）在一条直线上。
4. 收腹，肩关节放松下压。

动作过程

1. 呼气，手臂慢慢向上弯举，手腕挺直。
2. 吸气，慢慢恢复初始姿势，直至双臂完全伸直，但不要僵住不动。

错误动作
肘关节在托板上的位置过于靠前。

动作纠正
肘关节与机器转轴在一条直线上。

错误动作
双臂上举时肩部挺起。

动作纠正
运动过程中肩部始终后压。

肱三头肌

　　肱三头肌位于胳膊后部，不仅可以用来伸直手臂，而且当前臂进行精细动作时，比如写字等，可以避免肘关节移动。一些推挤动作（如开门）也同样要用到肱三头肌。此外，肱三头肌也会和其他肌肉一起从肩关节伸展手臂——比如当你在背后握住什么东西时。以下就是肱三头肌的强化运动。

图 5.27　三头肌屈伸

运动准备

1. 双脚并拢，双目直视前方。
2. 双手一起握住一只哑铃并高举至头顶上方，双臂伸直但不要僵住不动。
3. 收腹，肩部放松后压。

动作过程

1. 肘关节紧贴双耳，将哑铃慢慢放回到颈后，直至上臂与地面垂直。
2. 呼气，慢慢将哑铃高举到开始位置。
3. 整个运动过程中肘关节始终上指。

注意：进行该项练习时可以坐着或站着。

错误动作
背部拱起，髋关节向前旋转。

动作纠正
双脚交叉；核心肌群和臀大肌收紧。

图 5.28　器械手臂伸展

运动准备

1. 坐在座椅上，双脚平放于地面，背部和头部紧贴着靠背。
2. 双手肘关节放在托板上，与肩同宽，位置比肩关节稍低（随之调整座位）。
3. 抓住两侧把手，确保肘关节与机器的转轴（轴心）在一条直线上。
4. 收腹，肩关节放松下压。

动作过程

1. 呼气，双臂慢慢打开直至完全伸展，但不要僵住不动。
2. 头部和背部紧贴着靠背，腕关节伸直。
3. 吸气，慢慢恢复初始姿势。

错误动作
肘关节从托板上抬起。

动作纠正
运动过程中肘关节始终下压。

错误动作
手臂下压过程中肩部挺起。

动作纠正
运动过程中肩关节始终后压。

图 5.29 滑轮三头肌下压

运动准备

1. 双脚分开站立，与肩同宽，收腹。
2. 双手分开握住横杠，两手间的距离为 8 ~ 12 英寸（20 ~ 30 厘米），肘关节可弯曲超过 90 度角。
3. 身体靠近滑轮，使两侧肘关节始终向下指，缆绳垂直。

动作过程

1. 慢慢呼气并下拉，直至双臂伸直，但不要僵住不动。
2. 肘关节贴住身体两侧并向下指，腕关节自然放置。
3. 慢慢吸气，将横杠上拉至初始位置。

错误动作
肘关节前移。

动作纠正
肘关节始终向下指。

错误动作
双臂上举过程中横杠上拉速度过快。

动作纠正
运动速度要缓慢，上拉动作要克制。

图 5.30　坐式双臂屈伸（肱三头肌）

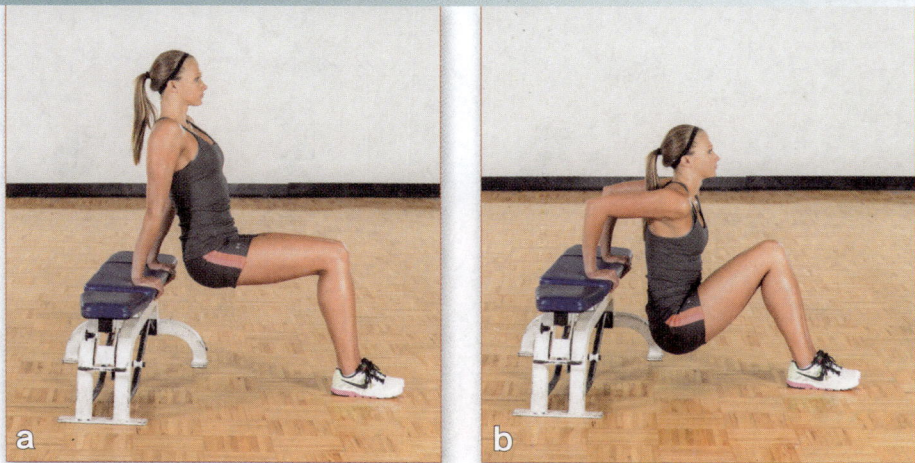

a

b

运动准备

1. 坐在长凳边上，双脚平放于地面；双手扶住长凳，手指扣住边缘。
2. 收腹，肩部放松后压。

动作过程

1. 臀部抬离长凳。
2. 吸气且身体缓缓下沉，直至上臂与地面平行。这一过程中臀部始终靠近长凳。
3. 呼气，身体慢慢上抬，直至上臂上抬，但不要僵住不动。

注意：双腿伸直或者双脚放在另一条长凳上，以增大运动强度。

错误动作
运动过程中臀部发生晃动。

动作纠正
上下运动，不要前后运动。

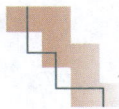

错误动作
臀部下移幅度过大。

动作纠正
当双臂呈 90 度角时停止运动。

错误动作
双臂僵住不动或者身体上抬时出现停顿。

动作纠正
双臂始终保持略微弯曲。

图 5.31 **肱三头肌屈伸**

运动准备

1. 右手握住一只哑铃，左腿膝盖放在长凳上，恰好位于臀部下方。
2. 左手撑在长凳边上，位于肩关节正下方位置。
3. 收腹，肩部放松下压，颈部保持中正位置不变。

动作过程

1. 肘部上抬直至上臂与地面平行，小臂与地面垂直。
2. 呼气，肘部向后伸展直至小臂与地面平行。
3. 吸气，慢慢恢复初始姿势。

错误动作
膝盖与支撑手靠得太近。

动作纠正
手掌放在肩关节下方，膝盖位于臀部下方。

错误动作
肘关节上下移动。

动作纠正
上臂与地面保持平行。

错误动作
凭借身体或一股冲力挥动哑铃。

动作纠正
缓慢且克制地举起哑铃；在动作最高点时暂停。

臀大肌、股四头肌和腘绳肌

我们很难把臀大肌、股四头肌和腘绳肌彻底分开，因为绝大多数运动都需要同时用到这三大肌群。臀大肌是人体中体积最大、力量最强的肌肉。臀大肌负责拉伸髋关节，并使身体保持挺立姿势；股四头肌将腿拉直，腘绳肌弯曲膝关节、拉伸髋关节。当你行走、跑步、跳跃、攀爬和下蹲时，它们都至关重要。以下就是针对臀大肌、股四头肌和腘绳肌的强化运动。

图 5.32   杠铃半蹲（臀大肌、股四头肌和腘绳肌）

运动准备

1. 站在杠铃架下方，反手握住杠铃杆，两手间的距离比肩略宽。
2. 使杠铃杆恰好穿过肩关节后部位置。
3. 收腹，肩部放松下压；将杠铃从架子上取下。

动作过程

1. 双脚分开站立，与肩同宽；臀部慢慢下移，同时胸部挺直，双脚平放于地面，直至大腿与地面几乎平行。
2. 膝关节和踝关节不能向内侧翻转，或者移动幅度过大，远超过脚趾位置。
3. 呼气，恢复初始姿势，将身体重心转移到双脚脚后跟上。

错误动作
杠铃杆放在脖子位置。

动作纠正
将杠铃杆放在肩部位置。

错误动作
头部和颈部前伸。

动作纠正
下巴始终与地面保持平行，双目微微向上看。

103

图 5.33　腿部推举（臀大肌、股四头肌和腘绳肌）

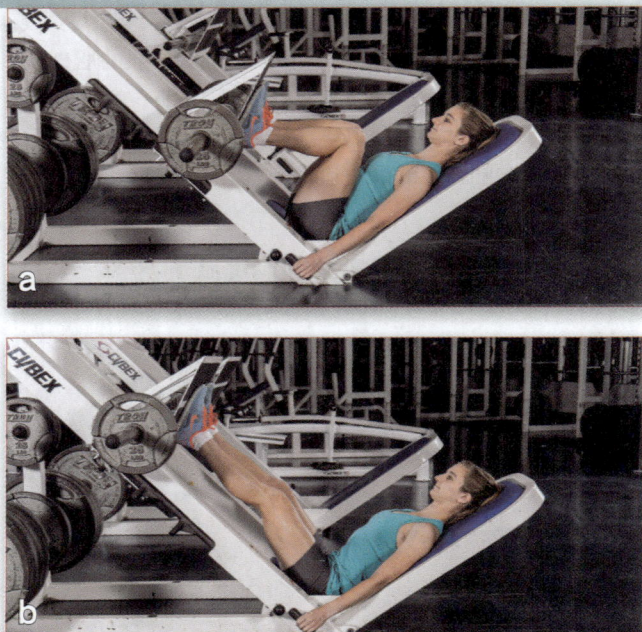

运动准备

1. 身体仰卧，双脚分开放在踏板上，与臀同宽，脚趾靠近踏板顶端。
2. 将杠铃微微向上推举，松开安全杆。
3. 收腹，头部放在靠背上，肩部放松后压。

动作过程

1. 吸气，慢慢将杠铃放下，直至膝盖弯曲呈 90 度角。
2. 呼气，慢慢将杠铃向上推举，直至双腿伸直，但不要僵住不动。
3. 放松，将杠铃略微上抬，安全杆放回原处。

错误动作
头部和颈部前伸。

动作纠正
头部紧贴靠背。

错误动作
膝盖僵住不动。

动作纠正
推举到最高点时膝关节略微弯曲。

图 5.34　训练器腿部推举（臀大肌、股四头肌和腘绳肌）

运动准备

1. 坐在训练器上，头部和背部紧贴靠背。
2. 双脚分开放在踏板上，与臀同宽，膝盖弯曲呈 90 度角。
3. 双脚应平放于踏板。抓住两侧把手稳固上肢。
4. 确保臀部、膝盖和踝关节在一条直线上。
5. 收腹，肩部放松后压。

动作过程

1. 呼气，用脚后跟和前脚掌将踏板慢慢推开，直至膝盖完全伸直，但不要僵住不动。
2. 吸气并慢慢恢复初始姿势，同时双脚平放。不要让大腿挤压胸腔或者让踏板与胸部相触。

错误动作
用脚趾将踏板推开。

动作纠正
双脚放平并用脚后跟推开踏板。

错误动作
运动过程中膝盖向外侧或内侧移动。

动作纠正
运动过程中膝盖和双脚以及髋关节始终在同一条直线上。

图 5.35　弓步（臀大肌、股四头肌和腘绳肌）

运动准备

1. 双脚并拢站立，肩膀后压，腹部内收。
2. 双臂放在髋关节处或置于身体两侧。
3. 收腹，肩部放松后压。

动作过程

1. 吸气，一条腿慢慢从地面抬起并向前移动 2 ~ 3 英尺（60 ~ 90 厘米）。

2. 臀部下沉；膝关节弯曲呈 90 度角。
3. 背部挺直并避免过度前伸；前伸腿膝盖的位置不能超过脚趾位置。
4. 呼气；利用脚后跟的力量将前伸腿前推，恢复初始姿势。
5. 用另一条腿重复以上动作。

注意：你可以利用自身体重、哑铃和杠铃进行这项运动！

错误动作
膝盖位置超过脚趾。

动作纠正
运动速度放慢，向前迈一大步，臀部下沉。

错误动作
躯干前倾。

动作纠正
下巴与地面保持平行，身体挺直。

图 5.36　**器械腿部弯举**

a

b

运动准备

1. 面朝下俯卧在垫子上，腿部挡板位于膝盖上方几英寸高的位置，膝盖骨与垫子不接触。
2. 头部放松靠在垫子上，双手握住两侧把手。

动作过程

1. 慢慢呼气，双腿尽可能地向上弯曲。
2. 吸气并慢慢回到初始位置。挡板不能与身体接触。

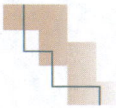

错误动作
头部和颈部抬升。

动作纠正
下巴或脸颊放在垫子上。

错误动作
用力过猛导致双腿背部脱离腿部挡板。

动作纠正
将腿部挡板缓缓上推；在动作最高点处暂停。

图 5.37　器械腿部伸展（股四头肌）

运动准备

1. 坐在伸展机上，背部紧贴靠背，腿部挡板位于踝关节稍上位置。确保双腿膝盖与机器转轴（轴心）对齐。
2. 抓住两侧把手。
3. 收腹，肩部放松下压。

动作过程

1. 呼气，双腿慢慢打开直至完全伸展，但不要僵住不动。
2. 吸气，慢慢恢复姿势。

错误动作

运动过猛导致腿部挡板与双腿前侧脱离。

动作纠正

将腿部挡板缓缓上推；在动作最高点处暂停。

错误动作

前脚掌或胫骨放在挡板上。

动作纠正

向上或向下调整挡板位置，使其始终位于踝关节稍上的位置。

图 5.38　器械髋外展（大腿外侧）

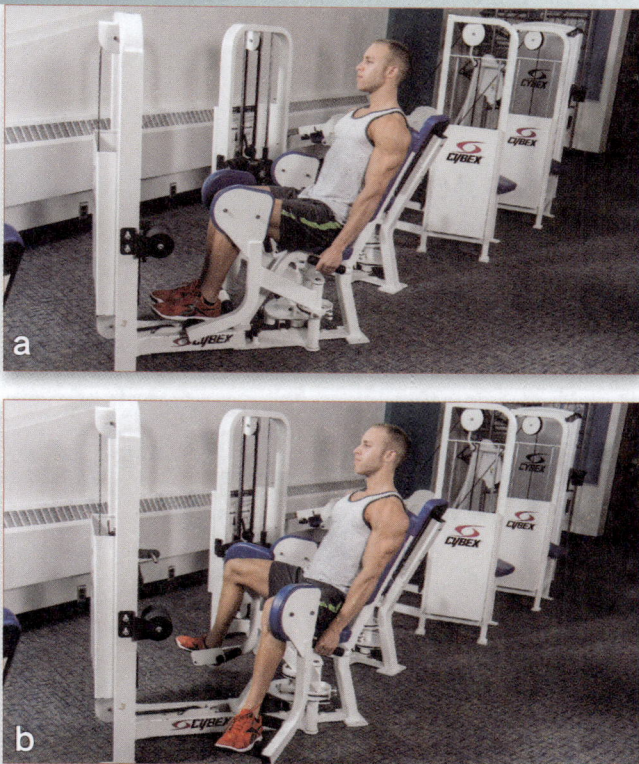

运动准备

1. 在训练机上就座，头部和颈部紧贴靠背。
2. 大腿外侧抵住挡板，同时双脚放在踏板上；双手握住两侧把手。
3. 收腹，肩关节放松下压。

动作过程

1. 呼气，大腿缓缓向外推动挡板直至双腿完全打开。
2. 吸气，慢慢恢复初始姿势；两侧挡板不能相互接触。

错误动作
颈部和头部前伸。

动作纠正
头部始终紧贴靠背。

109

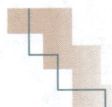

错误动作

用力过猛导致挡板脱离大腿外侧。

动作纠正

以缓慢克制的动作完成运动，在最高点处暂停。

图 5.39　侧腿抬升（大腿外侧）

运动准备

1. 利用椅子或墙壁支撑身体。
2. 收腹，肩部放松后压。
3. 将身体重心转移到左腿，膝盖始终保持略微弯曲。

动作过程

1. 呼气，右腿慢慢抬高，脚趾和膝盖始终向前。
2. 臀部保持水平。
3. 吸气，慢慢恢复初始姿势。高抬脚不能与地面接触。
4. 用另一条腿重复以上动作。

注意：进行这项运动时可以选择用或者不用踝部加重袋。

错误动作

单腿上抬时身体发生晃动。

动作纠正

躯干保持挺直；以缓慢克制的动作完成运动，在最高点处暂停。

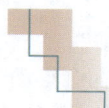

错误动作
腿部抬得过高且髋关节转动。

动作纠正
脚趾和膝盖朝前，臀部保持水平。

图 5.40　器械髋内收（大腿内侧）

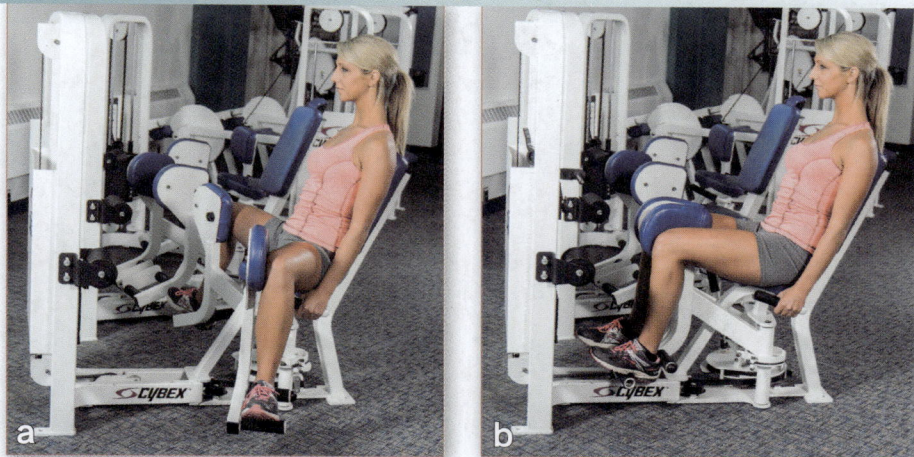

运动准备

1. 在训练机上就座，头部和颈部紧贴靠背。
2. 大腿内侧抵住挡板，同时双脚放在踏板上；双手握住两侧把手。
3. 收腹，肩关节放松下压。

动作过程

1. 呼气，两侧大腿慢慢收拢。
2. 吸气，慢慢恢复初始姿势；两侧挡板不能相互接触。

错误动作
颈部和头部前伸。

动作纠正
头部始终紧贴靠背。

小腿

　　小腿可以使脚后跟上提。除此之外，当你行走、跑步或跳跃时，它们会推动你的身体向前。它们也可以帮助你爬楼梯、踢足球或者踮起脚尖，这样你就可以从栅栏上面看过去。以下就是强化小腿肌肉的训练。

图 5.41　　**站姿提踵**

运动准备

1. 前脚掌站在踏板边缘，脚后跟下压。
2. 双手扶墙或椅子来支撑身体。
3. 收腹，肩部放松后压。

动作过程

1. 呼气，脚尖慢慢踮起。
2. 吸气，脚尖慢慢放下，恢复初始姿势。

注意：你可以站在地面上进行这项运动。

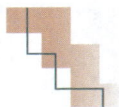

错误动作
膝关节弯曲。

动作纠正
运动过程中膝盖挺直，但不要僵住不动。

图 5.42　**坐姿提踵**

运动准备

1. 在训练机上就座，前脚掌放在抬高的踏板上，脚后跟下压。膝盖与踝关节对齐。
2. 大腿放在杠杆垫下方，脚后跟抬高上推，松开安全杆。
3. 收腹，肩部放松后压。

动作过程

1. 吸气，脚后跟慢慢下压。
2. 呼气，前脚掌慢慢上提。

错误动作
上肢前倾。

动作纠正
身体坐直，下巴与地面平行。

腹肌

　　腹肌由四个大型肌群组成。腹直肌从耻骨一直延伸至胸腔，可以移动从骨盆到胸腔之间的部位。腹外斜肌位于腹直肌两侧，可以使躯干扭动；腹内斜肌恰好位于髋骨内部，与腹外斜肌的移动方向相反。最后，腹横肌包裹着五脏六腑，并且起着加固躯干的作用。为了强化腹部肌肉，你需要对每个肌肉群分别进行锻炼。

图 5.43　运动准备（腹直肌）

运动准备

1. 平躺在地面上，膝关节弯曲呈90度角。
2. 收腹，肩部放松下压。
3. 双手托住头部，肘关节打开。

动作过程

1. 慢慢呼气，将胸腔朝骨盆方向拉伸。
2. 头部和颈部对齐，下巴抬离胸部。
3. 吸气，恢复初始姿势。

错误动作
下巴与胸部互碰。

动作纠正
下巴从胸部抬起。

错误动作
颈部前拉。

动作纠正
肘关节始终打开。

错误动作
小肚子外凸。

动作纠正
通过收腹来锻炼腹横肌。

图 5.44　横躺踩自行车（腹内斜肌和腹外斜肌）

运动准备

1. 仰躺在地面上，头部抬起，肘关节打开。
2. 收腹，肩部放松下压。

动作过程

1. 呼气，右侧肩关节朝左腿膝盖慢慢拉伸。
2. 吸气，左侧肩关节朝右腿膝盖方向旋转，同时一侧肘关节触地，一侧腿伸展。

错误动作
肘关节触碰膝盖。

动作纠正
肩关节（非肘关节）朝膝盖方向上抬。

错误动作
下背部拱起，抬离地面。

动作纠正
收腹或者腿部不发生移动。

图 5.45　器械卷腹

运动准备

1. 在训练机上就座，双脚平放于地面。
2. 调整座位使下巴与支撑板持平。
3. 两条前臂在支撑板上交叠。
4. 收腹，肩部放松下压。

动作过程

1. 呼气，胸腔朝骨盆方向缓缓拉伸；不要用双臂推挤。
2. 吸气，慢慢恢复初始姿势；支撑板不能与身体接触。

错误动作
将支撑板下压至大腿。

动作纠正
利用腹肌而不是上肢力量来压低支撑板。

图 5.46　**平板支撑（腹横肌）**

运动准备

1. 面朝下趴着，肘关节位于肩关节正下方，双臂紧贴身体两侧。
2. 收腹，肩关节收拢后压。
3. 臀部收紧且大腿并拢，脚趾弯曲。

动作过程

1. 缓缓呼气，躯干和大腿从地面抬起。
2. 肩部和背部不能松弛下垂。
3. 坚持 5 秒钟甚至更长时间。
4. 缓缓吸气，身体下压恢复初始姿势。

注意：通过单膝或双膝跪地调整运动。在镜子前进行这项运动可以改善身体姿势。

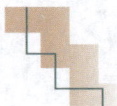

错误动作
下背部松弛。

动作纠正
腹肌和臀肌收紧。

错误动作
头部和颈部下垂。

动作纠正
后颈与肩部和臀部保持在一条直线上。

腰椎

　　下背部肌肉对脊椎有支撑和稳固作用。它们可以帮助你提起重物和转动身体，而这两个动作都很容易让人受伤。强化下背部肌肉可以预防由于长时间蹲坐或站立而引发的各种背部疼痛。以下就是强化下背部肌肉的运动。

图 5.47　俯卧两头起（腰椎）

运动准备

1. 面朝下俯卧在垫子上，双臂在头顶上方伸展，掌心向下，双腿伸直。
2. 收腹，保持颈部处于中正位置。

动作过程

1. 缓缓呼气，双臂和双腿抬离地面；保持这个动作 5 秒钟。
2. 吸气，慢慢恢复初始姿势。

错误动作
头部和颈部抬起。

动作纠正
双目紧盯着地面

图 5.48 直腿硬拉（腰椎）

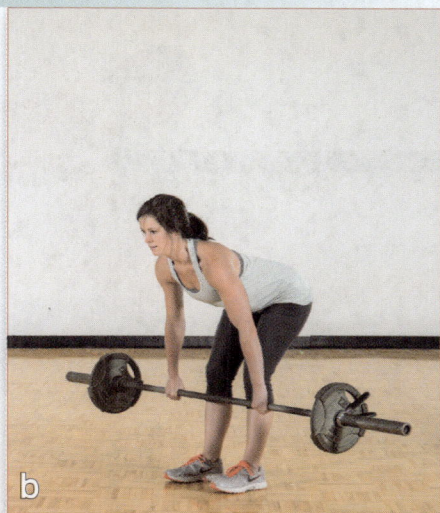

运动准备

1. 背部挺直，正手握住杠铃杆并放在大腿处，双手间的距离与肩同宽。
2. 收腹，肩部放松后压。

动作过程

1. 吸气，臀部慢慢向前折弯，杠铃下移，直至杠铃杆位于膝盖下方。
2. 保持膝关节略微弯曲，背部挺直，双目直视前方。
3. 呼气，慢慢恢复初始姿势。

错误动作
上背部拱起。

动作纠正
以臀部为界上身向前折弯，双目直视前方，下巴微微上抬。

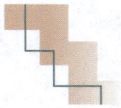

错误动作
臀部和肩部不同步动作。

动作纠正
臀部和肩部同时动作。

错误动作
杠铃杆与胫骨距离过远。

动作纠正
将杠铃杆贴近胫骨。

图 5.49 跪撑举臂抬腿（腰椎）

运动准备

1. 身体呈跪撑姿势，双手位于肩关节下方，膝盖位于臀部下方，手指朝前。
2. 收腹，肩部放松下压。
3. 颈部位于中正位置。

动作过程

1. 缓缓呼气，同时伸展右臂和左腿，直至与地面平行。
2. 保持这一姿势 5 秒钟。
3. 吸气，慢慢恢复初始姿势。
4. 左臂和右腿重复以上动作。

注意：四肢交换时避免动作幅度过大或身体重心发生转移。

错误动作
运动过程中下背部松弛或发生移动。

动作纠正
收缩腹肌稳定下背部。

错误动作
头部和颈部下垂。

动作纠正
头部与肩部和臀部保持在一条直线上。

图 5.50　器械背部伸展

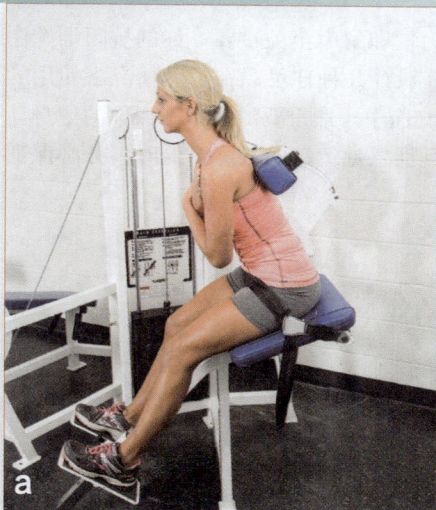

运动准备

1. 在训练机上就座，双脚平放于踏板上且双腿伸展。
2. 滚轴抵住肩胛骨。
3. 确保臀部与机器转轴对齐（轴心）。
4. 系上安全带（如果有的话）并且双臂在胸前交叉。

动作过程

1. 呼气，身体慢慢后压，直至肩部与臀部在一条直线上。
2. 背部挺直。
3. 吸气，慢慢恢复初始姿势，中间不要停顿。

注意：器械种类繁多，要按照说明进行运动。

错误动作
膝关节弯曲。

动作纠正
运动过程中保持膝盖挺直，但不要僵住不动。

错误动作
臀部从坐垫上抬起。

动作纠正
用安全带固定身体，确保臀部始终紧贴坐垫。

肌力与肌耐力小结

要维持健康、积极的生活方式，肌肉力量和耐力至关重要。你的抗阻训练中应当包含一系列针对每一个肌肉群的运动。设计几种你可以在特殊情况下使用的健身方案，比如当你只有 20 分钟或者是在旅途中。最重要的是，确保你的健身计划能够反映出你的目标以及日程安排，并且当感觉运动的难度降低时，务必保证自己能够增加运动强度。

在迈出下一步之前

1. 你是否为自己在接下来的 4 ~ 6 周内选择了一个符合目前健康和健身水平的负重训练目标？
2. 你是否确认了每周中可进行重量训练的日子？
3. 你是否确定了最能够满足你健身目标的训练组数和重复次数？
4. 你是否列举了针对每一个肌肉群的一项或者更多的运动？
5. 你是否确认了进行重量训练所需的设备？

柔韧性

健身计划中最容易被忽略的健身要素之一就是通过拉伸运动来改善身体的柔韧性。柔韧性是指关节进行最大范围活动的一种能力。它虽然只分为两种，但拉伸运动却有多种类型。静态柔韧性是指关节在不发生移动的前提下进行最大范围活动的一种能力，比如体操运动员在地板上做劈叉的动作。动态柔韧性是指运动过程中关节进行最大范围活动的能力，比如体操运动员在空中做劈叉的动作，她一定要借助身体的爆发力和肌肉的力量来展现出柔韧性；而站在地板上的体操运动员则一定要借助地板来支撑身体的柔韧性。正如你在这个步骤中将会看到的那样，许多类型的拉伸运动都可以改善身体的柔韧性。

影响柔韧性的因素

你的身体柔韧性受到诸多因素的影响：年龄、性别、关节结构、肌肉、活动水平、脂肪组织（脂肪）数量、组织损伤以及疾病。

年龄

随着年龄的增长，你的肌肉会逐渐变硬变短，而且关节也不像年轻时候那样健康了。在人体衰老过程中，由于钙离子浓度以及脱水症状的加剧，关节周围的组织会逐渐变厚。一般来说，处于青春期的少年要比成年人的柔韧性更好。但是，不管在任何年龄，身体的柔韧性都能够得到改善，只是快慢速度有所不同。骨龄较大的关节花费的时间相对较长，所以老年人一定要更加努力才能改善身体的柔韧性。

性别

女性的柔韧性通常要比男性好，这可能是由于激素水平的不同造成的。与男性相比，女性体内的雌性激素更多，而这种激素可以使得肌肉拉长、关节松弛。而与女性相比，男性体内促进肌肉生长、变短的睾丸素水平较高。

其他因素

由于关节类型以及其内部的阻力，关节结构本身也会对柔韧性产生影响，并且关节内部的骨性结构也会限制身体的活动。高度发达的肌肉可能会引发肌肉的不平衡，限制对抗肌群的伸展，从而影响了身体的柔韧性。举个例子，如果腘绳肌过度发达，可能造成膝盖不能够发挥出全部功能。此外，那些经常需要做重复动作的人们——不管是出于工作需要还是休闲娱乐的目的，更容易遭受某个关节（比如在这些运动中起着主导作用的肩关节）缺乏柔韧性的问题。

不仅缺乏运动会造成肌肉僵硬，衰老使结缔组织逐渐发生变化，久坐不动的人群也容易增加体重，从而影响并制约了关节的活动度。例如，腹部多余的脂肪就可能会限制髋部屈肌的活动范围。

由于受伤造成关节肌肉组织伤痕累累，这也会降低关节的弹性。关节炎、滑囊炎、扭伤和脱臼等症状也会限制受伤部位的活动范围。

成功自测

☑ 列举影响自身柔韧性的元素。

柔韧性的益处

增加关节活动度的拉伸运动会给身体带来诸多好处。柔韧性可以改善日常活动的表现，提升竞技性和娱乐性活动的可动性，降低受伤和疼痛的风险，减轻压力，改善身体的平衡性以及活动姿势。

拉伸运动可以增加肌肉供血，更多的氧气和营养物质可以被输送到肌肉中，同时废弃物也得到了处理。这不仅使日常活动（例如收拾架子顶层的杂物，伸手去拿安全带或者试鞋子）变得更加简单，同时它也有助于缓和肌肉的酸痛。

良好的柔韧性也有助于体育活动的进行，如果关节可以随意活动、任意伸展的话，那么肌肉的力量就会增强，而棒球投手在投出快球或者网球运动员在发球时都需要这种力量。

柔韧性可以间接减少身体的损伤。关节的活动范围增大可以增强身体的平衡力，而平衡力提高就意味着你不容易跌倒。通过减少过劳损伤，关节活动度增大也可以减少关节损伤。例如，如果你的跟腱过紧的话，你跑步时就不能朝任意方向随意移动；慢慢地这可能会增加你罹患跟腱炎的风险。活动度增大也会减少细小的撕裂伤（创伤），这不仅会降低受伤风险，同时也会增强你的运动表现。

如果关节灵活，那么维持身体挺直（姿势）也会变得更加容易。正确的姿势也可以有效地预防下背部疼痛，因为拉伸下背部肌肉、腘绳肌、髋部屈肌以及股四头肌可以端正骨盆姿势。压力会造成肌肉紧张、收缩，从而对身体产生负面影响；进行伸展运动恰好可以对这些肌肉进行有效的放松，缓解压力。

身心锻炼

　　一谈到健身，大多数人只想到体态。然而，其他因素也对身体有着不容忽视的影响，包括压力水平、心情和人生观等。精神和肉体之间的关系表明你的精神影响着身体动作。

　　打破这样的联系会造成身体功能紊乱，放在健身世界里就可能导致无法坚持、身体失衡以及由于运动而造成的损伤。此外，你对自己身体的感觉与自我价值的认知直接相关。进行伸展运动时保持积极的态度可以减轻压力、平缓心情，所以进行减压运动、练习身心技巧可以增加幸福和健康水平。

- 关注呼吸和呼吸声。
- 有特殊的定位和运动知觉。
- 包含以自我反省为中心的无偏见感官意识。
- 关注正确的身体姿势。
- 涉及对动作流程以及固有能量的关注。

　　身心运动包括瑜伽、冥想、渐进式肌肉放松以及形象化。瑜伽也许是其中最知名的一种运动，不仅因为它可以放松身体，增强身体的柔韧性，而且因为它可以增强身心联系。定期进行瑜伽锻炼的人能够更加平和地面对压力，并且副交叉神经系统也会更加强大，而这反过来可以刺激身体休息和放松。你可以每周一次或者每天进行瑜伽锻炼，运动时间可短（每天只做几个动作）可长（如参加 90 分钟的课程）。以下就是瑜伽运动的几个构成要素。

冥想

　　冥想是一种平复心情、帮助心情更加放松的艺术，这反过来有助于身体的放松。每天进行冥想可以帮助你变得更加自信，具有更强的把握能力。另外它也以有助于身体愈合而著称。用鼻子正常呼吸并闭上双眼。当你呼气时，选择一个单词或短语，例如"我感觉很平静"并重复几次。重复一个单词或短语可以帮助你把注意力集中到放松上来，而不是白天遭遇到的压力。

渐进式肌肉放松

　　渐进式肌肉放松指按照次序依次屈曲和放松肌肉，如从头到脚、从脚到头或者从四肢（手指和脚趾）到身体中心。肌肉组织紧张 5 秒钟左右然后放松。

意象

　　意象基于身心联系。它有助于身体放松，减少压力和焦虑。意象利用想象力刺激平和冷静，从而使头脑放松。举个例子，闭上眼睛，想象一片美丽的草坪和温暖的沙滩；感觉着双脚陷入沙子中，微暖的风轻轻吹拂脸颊；听着海浪的拍击声；看着蔚蓝的海水起起伏伏。许多运动员都利用意象的方式来备赛。

不管你采取哪种方式进行放松，你都需要按照图 6.1 的方式进行正确呼吸。如果要练习正确的呼吸方法，你需要坐着或者面朝上躺在地板上，一只手放在腹部，另一只手放在胸部。吸气时，就好像吹气球一样让放在腹部的手抬高。当气球充满了气，继续吸气直至气体充满到胸腔。然后腹部和胸部同时呼气。

图 6.1　练习正确的呼吸方法

成功自测

- ☑ 列举你愿意列入自己每周健身计划的身心运动。
- ☑ 选择一个冥想时使用的词语或短语。
- ☑ 选择一个最能让自己放松的特定场景。练习闭上双眼，想象一个平和宁静的场景。
- ☑ 列举在进行渐进式肌肉放松运动中参与运动的肌肉次序。坐着或者躺在地板上时练习呼吸技巧。

进展

尽管你的目标是增强身体的柔韧性，但是成功需要时间、耐心和坚持。做得太多太快可能会导致肌肉拉伤。确保自己能够以正确的方式使身体温度升高，例如在有氧运动后、锻炼后，甚至是洗过热水澡后。温暖的肌肉可以有效地增强身体的柔韧性。

在拉伸运动中加入温和的动作可以使身体柔韧性增强。如果身体有慢性损伤的话，进行拉伸运动时要加倍小心，因为拉伸拉伤的肌肉可能会进一步加重伤情。

频率和时间

许多人不愿意花时间进行拉伸运动，或者他们会抱怨自己的运动时间有限。于是他们就将拉伸运动从自己的健身计划中删除掉。然而，事实上它却是锻炼后最重要、最令人享受的一段时间，尤其是当你身体的某个部位紧张时！拉伸运动可以释放在锻炼过程中肌肉累积的紧张。

如果你没有时间进行每周3次、每次至少30分钟的拉伸运动的话，那至少应该在运动结束后花5分钟时间来拉伸。做一点总比完全不做好！趁着洗过热水澡后身体温度升高，或者当身体浸在热水浴缸里时，你也可以尝试做一些拉伸运动。早上起床前也可以做几组拉伸运动，比如把胳膊放在头顶或者脚趾绷直。

你需要在锻炼后或者有氧热身运动后进行拉伸，因为此时肌肉内部温度会升高。增加身体循环可以将更多的血液和温度带给肌肉，从而增大身体的活动度。请记住，在疾跑或者依靠爆发力和速度的运动之前进行拉伸运动最终可能削弱运动表现。最后，不要用柔韧性训练替代热身运动！在运动前进行拉伸运动时，冷的肌纤维更容易受伤，并且拉伸运动也无法取代恰当的热身运动、增加血液流动。

成功自测

- ☑ 写下你准备进行柔韧性训练的日期。
- ☑ 写下日常生活中你想要进行拉伸运动的具体时间。
- ☑ 确保日期和时间与健身计划不冲突。

强度水平以及拉伸运动类型

比较推荐的强度水平是有轻微的不适感，或者你感觉到有轻微的拉伸感。在拉伸过程中感觉疼痛则表明拉伸的强度过大。重新返回不会有任何疼痛感，只是肌肉紧张的那个点。量力而行很关键——千万不要强求！

静态拉伸

静态拉伸和动态拉伸是最常见的两种拉伸方式。静态拉伸是指引导特定的肌肉慢慢地进行更大范围的活动，而不要过度拉伸肌肉，你不需要借助设备和帮助即可安全地进行静态拉伸。进行静态拉伸时，每个动作要保持10 ~ 30秒钟。3个长长的深呼吸大约就是 10 秒钟。将每个拉伸动作重复做 3 ～ 5 次。呼气时，放松肌肉，拉伸幅度也稍微增大。将注意力放在被拉伸的部位。限制其他肌肉的活动，并试着放松。静态拉伸可以永久性地增加关节活动度。

动态拉伸

动态拉伸是指缓慢且克制地进行全关节活动，并且在运动之前让关节做好朝任一方位进行运动的准备。在以运动为基础的运动，例如美式壁球或者骑自行车运动之前需要进行这种类型的拉伸。动态拉伸可以使关节温度升高，减少肌肉紧张，有助于维持身体的柔韧性。当运动员在为与速度有关的活动做准备时，动态拉伸就显得十分有用。例如，在击球之前，击球手会抡圆了慢慢挥动球棒；或者在网球比赛前，运动员会用球拍做几个模拟挥拍动作。关键是要用缓慢克制的动作激活关节附近的肌肉。如果你运动的速度过快或者超出了正常的活动范围，从而使关节附近的结缔组织产生细小的撕裂伤，那么你的动态拉伸就不太恰当。

弹震拉伸

弹震拉伸是指在进行拉伸运动时进行跳跃。这种类型的拉伸运动可能会使肌肉出现轻微的撕裂伤，导致疤痕组织，从而减少肌肉的弹性，并易产生疼痛。尽管弹震拉伸在特定的运动环境下可能至关重要，但是一般情况下我们要尽量避免进行这种拉伸运动。

动态独立式拉伸

动态独立式拉伸（简称 AIS）是将拉伸动作保持 2 秒钟，然后放松并连续重复进行几次。AIS 能够帮助身体进行自我修复，尤其在受伤后效果更加明显。运动过程中用带子或毛巾从旁协助可能会更加有效。

筋膜放松

筋膜放松是指利用泡沫轴或者自身重量来按摩筋膜或者肌肉的表层组织。由于过度使用或者创伤，筋膜会出现撕裂并形成伤疤，造成身体的疼痛和不适，阻碍肌肉正常工作。利用自身体重或者在泡沫轴上翻滚，直至找到扳机点或者刺痛点。停下来在泡沫轴上休息 10 ～ 20 秒钟。确保对肌肉而非骨头或关节施加压力。这会释放附着力，使肌肉摆脱打结或紧绷，从而增加身体的柔韧性。尽管它会使身体产生些许的不适或是轻微的疼痛感，但是筋膜放松可以改善身体的灵活性、功能和柔韧性。

PNF 法拉伸

PNF 法拉伸或者本体感觉神经肌肉促进法，是指运动搭档同时运用收缩和放松的方式对肌肉群进行拉伸。尽管进行 PNF 的方法很多，但是最常见的就是 10 秒钟的推举动作后紧接着重复几次 10 秒钟的放松动作。从旁协助的运动搭档经过培训掌握 PNF 法拉伸的技巧非常重要。PNF 法不仅被运动员们广泛运用，任何想要改善身体柔韧性的健康成年人也可使用。

你也可以选择参加瑜伽、太极等拉伸课程，它们能够帮助你坚持进行拉伸。

乐趣

拉伸运动应当安全、有效并且充满乐趣！如果运动方法正确的话，它是放松以及改善健康的最简单的方式之一。进行拉伸的方式就跟拉伸运动本身一样重要。如果你不喜欢拉伸运动的话，你可能会出现扭伤或者拉伸动作的幅度过大。如果因为它让你感觉不舒服或者你感觉它无关紧要而逃避拉伸运动的话，以下就是帮助你制定充满乐趣的拉伸常规的指南。

- 最初几天最难熬！当你一开始拉伸有一段时间没有运动的僵硬肌肉的话，你可能会有些许的不适感。不要灰心——当你开始定期进行拉伸时，情况会慢慢变好。
- 关注你的呼吸，它会帮助你的身体放松。不要数秒数，尽量慢慢地深呼吸。3 次长长的深呼吸大约是 10 秒钟左右。当你呼气时，放松进入拉伸状态——它可以帮助肌肉拉长。
- 进行拉伸运动时可以放一些舒缓的轻音乐，它可以帮助头脑放松。
- 注意安全！按照拉伸动作的方向慢慢移动身体。这可以帮助身体预防损伤。
- 规定好进行拉伸运动的次序，例如，先坐在地板上，然后再慢慢地站起来；或者先拉伸上肢肌肉，然后再拉伸下肢肌肉。
- 没有时间？你可以在一天中的任何时候进行拉伸——排队时、打电话时、洗碗时或者看电视时。
- 关注你的身体或者你拉伸的肌肉动作。永远要拉伸到紧张状态，或者有拉伸感而不要达到疼痛的程度。

成功自测

- ☑ 写下你准备进行拉伸动作的次序。
- ☑ 用正确的姿势进行每一个拉伸动作。
- ☑ 要确保身体没有疼痛感，只有轻微的紧张或者拉伸感。

拉伸运动

下列拉伸运动不仅简单易行，并且可以有效地增强身体的肌肉、韧带以及肌腱的柔韧性。按照正确的姿势进行，这些运动将会增加关节的活动范围，使你的日常活动和运动都变得更加容易。例如，你下车时、穿衣服时或者弯腰系鞋带时都会变得更加简单。大部分运动都可以按照站立或者蹲坐的姿势完成。

图 6.2　扩胸运动

用来进行推举动作的胸肌非常厚实，并且很容易发生紧张抽筋，尤其是当你驼着背在桌子旁坐一整天或是做前伸的动作时，比如油漆工和理发师。你可能会觉得挺直背坐下很困难或者很劳累。拉伸胸部和肩膀前侧可以改善身体姿势和肺部功能。

运动方法

1. 双脚并拢站立。
2. 双手在背部互握，手指交叉。
3. 朝地板方向微微下压。
4. 肩部放松，胸部打开。
5. 坚持 10 ～ 30 秒钟，重复做 2 ～ 3 次。

错误动作
头部和颈部前伸。

动作纠正
下巴与地面保持平行。

错误动作
肘部僵住不动。

动作纠正
肘部伸直但不要僵住不动。

图 6.3　上背部拉伸

上背部由一组大型肌肉群组成，可以帮助你进行拉伸和上举以及日常的行为动作。上背部肌肉要比身体其他部位更容易紧张，造成头痛、肩膀酸痛、背部肌肉打结以及颈部僵硬。上背部拉伸可以改善身体姿势，同时也以减轻颈部僵硬、下颚痛、缓解紧张性头痛而著称。以下就是针对上背部肌肉的一项拉伸运动。

运动方法

1. 双脚并拢站立。
2. 双手在体前互握，手指交叉。
3. 双手轻轻前压。
4. 允许上背部发生转动。
5. 坚持 10 ~ 30 秒钟，重复做 2 ~ 3 次。

错误动作

头部和颈部前伸。

动作纠正

下巴与地面保持平行。

131

图 6.4 单臂肩部拉伸

肩部是最容易被忽略的身体部位。它可以帮助你完成取物、举高等日常活动。灵活的肩部可以改善你的四肢伸展能力，伸手去拿安全带或者从厨房架子的顶层上取物会变得更加容易。如果提过重物后，比如挪动家具后肩膀疼痛的话，那么你的肩关节很可能缺乏柔韧性。以下就是针对肩关节的拉伸运动。

运动方法

1. 双脚分开站立，与肩同宽。
2. 右臂横过胸部。
3. 用左臂朝胸部方向轻轻按压右臂。
4. 坚持 10 ~ 30 秒钟，重复做 2 ~ 3 次。
5. 用左臂重复以上动作。

错误动作
肩部上抬。

动作纠正
两侧肩关节对齐。

图 6.5　单臂肱二头肌拉伸

肱二头肌能够正常工作至关重要，因为它是人体使用频率最高的肌肉之一。开瓶盖、扭门把手这类动作都要用到肱二头肌。以下就是针对肱二头肌的拉伸运动。

运动方法

1. 双脚分开站立，与肩同宽。
2. 右臂在体前伸展，掌心朝上。
3. 用左手轻轻向后按压右手手指。
4. 坚持 10 ~ 30 秒钟，重复做 2 ~ 3 次。
5. 用左臂重复以上动作。

错误动作
肘部弯曲。

动作纠正
肘部始终伸直。

图 6.6　单臂肱三头肌拉伸

当谈到拉伸运动时，肱三头肌最容易被忽略。在双臂所有的肌肉中，它们也是最没有得到充分利用的一组肌肉。由于事关肩部运动以及双臂和肩部的可移动性，你的肱三头肌需要具有良好的柔韧性。以下就是针对肱三头肌的拉伸运动。

运动方法

1. 双脚分开站立，与肩同宽。
2. 双臂高举过头顶。
3. 右手顺着脊柱向下移动。
4. 左手将右手肘部朝头部方向轻轻拉伸。
5. 坚持10～30秒钟，重复做2～3次。
6. 用左臂重复以上动作。

错误动作
头部和颈部前伸。

动作纠正
下巴与地面保持平行。

图 6.7　单腿股四头肌拉伸

股四头肌是位于大腿前侧的大型肌肉，负责膝盖拉伸和腿部弯曲。行走、跑步和跳跃时，股四头肌都发挥着举足轻重的作用。股四头肌紧张会拖拉髋骨，使骨盆朝前下方下坠，造成下背部拱起。而这种拱起会破坏身体姿势，造成下背部疼痛。股四头肌紧张同样会造成腘绳肌虚弱无力或者过度拉伸。久坐不动会造成股四头肌缩短、紧张，很容易造成下背部肌肉长期处于紧张状态。以下就是针对股四头肌的拉伸运动。

运动方法

1. 右腿单腿站立，借助椅子或墙壁支撑身体。
2. 左手抓住左脚踝关节。
3. 将脚踝朝臀部方向拉伸。
4. 保持躯干挺直、膝盖朝下指的动作。
5. 坚持 10 ~ 30 秒钟，重复做 2 ~ 3 次。
6. 用右腿重复以上动作。

错误动作
躯干前倾。

动作纠正
挺胸抬头，背部挺直。

错误动作
膝盖被向后拉或者与另一条腿的膝盖分开。

动作纠正
两腿膝盖并拢，运动的那条腿的膝盖向下指。

图 6.8　坐姿腘绳肌拉伸

腘绳肌位于大腿后部，负责膝关节的弯曲，并且在走路、跑步、跳跃和爬楼梯等运动中发挥着不可替代的作用。腘绳肌紧张会拖拉髋骨，使骨盆朝后下方下坠，引发姿势问题，造成背部疼痛。许多人都面临着腘绳肌过紧的问题，这可能是由于久坐不动或者长时间驾驶所致。长时间坐着不动会因为活动范围有限导致腘绳肌缩短。以下就是针对腘绳肌的拉伸运动。

运动方法

1. 坐在地板上，一条腿在体前伸直，另一条腿朝内侧弯曲。
2. 从臀部开始，上半身朝伸直腿弯曲，同时背部挺直。
3. 双手触碰胫骨、踝关节或者足部，选择一个自己感觉舒适的部位。
4. 膝关节不能弯曲。
5. 坚持 10 ~ 30 秒钟，重复做 2 ~ 3 次。
6. 用另一侧腿重复以上动作。

错误动作
前腿弯曲。

动作纠正
腿部伸直但并非僵住不动。

错误动作
上背部拱起。

动作纠正
背部挺直，下巴与地面平行。

图 6.9　仰卧髋部拉伸

髋部和大腿外侧紧张似乎是一个普遍性问题。髋部紧张可能会改变腿部姿势，导致行走或者跑步时膝关节受力不均匀。它也有可能限制骨盆的移动，造成背部疼痛或僵硬。此外，髋关节外侧的肌肉也有可能会过度活跃，进一步限制骨盆运动。以下就是针对髋部和大腿外侧的拉伸运动。

运动方法

1. 身体仰卧，双腿弯曲。
2. 双腿交叉，左腿放在右腿膝盖上方。
3. 双腿膝盖朝胸部抬举。
4. 坚持 10 ～ 30 秒钟，重复做 2 ～ 3 次。
5. 右腿放在左膝上方重复以上动作。

错误动作
头部从地面抬起。

动作纠正
头部始终紧贴地面。

图 6.10　坐姿大腿内侧拉伸

大腿内侧肌肉紧张可能会造成大腿向内旋转，引发膝盖疼痛。跑步时大腿内侧紧张也会造成膝盖不稳，需要腘绳肌从旁协助，从而造成身体受伤的风险增大。以下就是针对大腿内侧的拉伸运动。

运动方法

1. 身体呈坐姿，双脚脚后跟并拢。
2. 双手抓住脚掌。
3. 身体慢慢前倾，直至有拉伸感。
4. 坚持 10 ~ 30 秒钟，重复做 2 ~ 3 次。

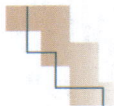

错误动作
上背部拱起。

动作纠正
背部挺直，下巴与地面保持平行。

图 6.11　小腿靠墙拉伸

小腿肌肉紧张是人们普遍抱怨的一个问题，因为许多日常活动都会刺激并使小腿肌肉变短，从而限制足部和踝关节的运动范围，反过来又影响行走和跑步的步态。小腿收紧会导致跟腱长期疼痛，引发足底筋膜炎和外胫炎。穿高跟鞋会缩短小腿肌肉，也同样会导致足底筋膜炎以及足部和踝关节问题。以下就是针对小腿肌肉的拉伸运动。

运动方法

1. 身体站直，双手扶墙。
2. 左腿向后伸展。
3. 脚后跟轻轻下压，直至有拉伸感。
4. 背部挺直。
5. 坚持 10 ~ 30 秒钟，重复做 2 ~ 3 次。
6. 身体另一侧重复以上动作。

错误动作
后腿脚后跟抬离地面。

动作纠正
朝墙壁方向移动。

139

图 6.12　髋部屈肌拉伸

髋部肌群紧张与股四头肌紧张类似，都会导致骨盆前倾，增大下背部的弯曲度，导致下背部疼痛。髋屈肌紧张是由于长时间久坐不动造成的。以下就是针对髋部屈肌的拉伸运动。

运动方法

1. 以弓箭步作为开始姿势，左腿在后。
2. 后腿膝盖朝地面慢慢弯曲。
3. 肩关节后倾，同时骨盆前移。
4. 坚持 10 ~ 30 秒钟，重复做 2 ~ 3 次。
5. 右腿在后，重复以上动作。

错误动作
前腿膝盖位置超过脚趾。

动作纠正
转移身体重心，直至前腿膝盖超过踝关节。

错误动作
躯干前倾。

动作纠正
背部挺直，下巴与地面保持平行。

图 6.13 仰卧下背部拉伸

从早上起床到弯腰试鞋，几乎每一个动作都离不开下背部肌肉。久坐不动或者睡眠姿势欠佳，都会导致下背部肌肉收紧或者僵硬。下背部肌肉紧张不仅会导致下背部疼痛，你的臀部、骨盆和双腿都会产生不适感。拉伸下背部肌肉有助于缓解肌肉紧张和僵硬。以下就是针对下背部的拉伸运动。

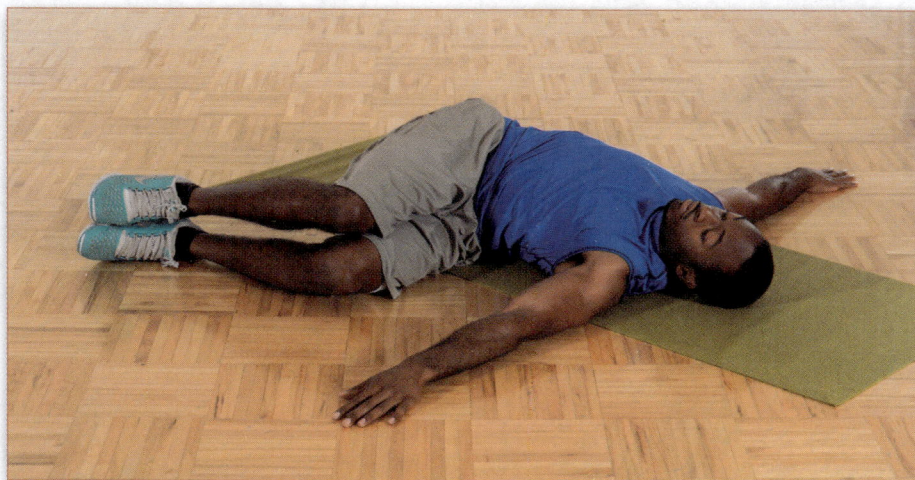

运动方法

1. 身体呈仰卧姿势，双膝弯曲。
2. 双臂朝身体两侧伸展。
3. 双腿膝盖慢慢朝左侧下移。

4. 两侧肩关节尽量不要离开地面。
5. 坚持 10 ~ 30 秒钟，重复做 2 ~ 3 次。
6. 重复以上动作,两腿膝盖朝右侧下移。

错误动作
肩关节离开地面。

动作纠正
膝盖朝中间位置移动，直至肩部与地面接触。

图 6.14　俯卧腹部拉伸

腹部聚集着好几块肌肉，腹直肌就是其中最重要的一块。你的日常活动，比如在桌子前坐几个小时或者提很重的购物袋都会造成腹直肌过度紧张。此外，它也参与你的呼吸运动。如果腹部肌肉的柔韧性差，身体姿势就会受到影响，背部问题也会凸显。以下就是针对腹直肌的拉伸运动。

运动方法

1. 平趴在地面上，双手位于肩部下方且手指向前。
2. 确保双腿伸直，同时肩部朝后下方放松。
3. 呼气，胸部慢慢抬离地面，胸腔抬高但髋部仍然贴住地板。
4. 吸气，慢慢恢复初始姿势。

错误动作
颈部过度拉伸。

动作纠正
双目紧盯着双手之间的地面。

错误动作
髋部从地面抬起。

动作纠正
双臂弯曲直至髋部下移，贴住地面。

图 6.15 腹斜肌拉伸

腹斜肌（腰部两侧）负责身体的弯曲和扭动。腹斜肌的柔韧性好，可以减少拉伤、扭伤和撕裂的风险。以下就是针对腹斜肌的拉伸运动。

运动方法

1. 双脚分开站立，与肩同宽，同时小腹内收。
2. 肩部放松后压，双臂位于身体两侧。
3. 右臂抬高靠近头部，颈部处于中正位置。
4. 呼气，右臂慢慢上拉，坚持 10 ~ 30 秒钟。
5. 恢复初始姿势，身体左侧重复以上动作。

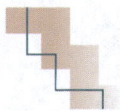

错误动作
髋部朝一侧扭转。

动作纠正
双腿伸直，身体的重量均匀地分散到双腿上。

错误动作
身体前倾。

动作纠正
肩部、髋部和膝盖对齐。

柔韧性小结

柔韧性是健身计划的重要环节，但同时也最容易被忽略。确保锻炼过后能够花点时间对所有的主要肌肉群进行拉伸，尤其是缺乏柔韧性的身体部位。请记住，随着年龄的增长，身体的柔韧性会逐渐丧失，身体的所有动作都会因此受到影响。不要忘了这些运动随处可做，不需要任何的器械设备。而且你可以利用这段时间放松心情，或者把它作为是对表现良好的奖赏。

在迈出下一步之前

1. 你是否进行了本步骤中列举的所有拉伸运动？重点关注在步骤 1 的测评中感觉紧张的身体部位（如果有的话）。
2. 你是否列出了进行拉伸运动常规的日期和具体时间？
3. 你是否已经练习过进行缓慢且克制的呼吸？
4. 你是否选择了一项冥想练习来缓解紧张和焦虑？

平衡力

虽然你可能会认为平衡力是老年人才需要考虑的一个问题，但是平衡力训练对于每个人来说都十分重要，同时也是健康的重要组成部分。它与核心力量和柔韧性同样重要。身体能够高效运转离不开平衡力的参与。拥有平衡力意味着你可以在保证身体尽量不摇晃的前提下将身体重心维持在支撑底座。支撑底座是指与支撑面接触的身体部位。如果你是站着的话，支撑底座就是两脚之间的区域；如果身体是俯卧撑姿势，那么它就是双手双脚之间的区域。你可能是一个身材很好的跑步爱好者，但是平衡力却很差。平衡力并非与生俱来；你需要靠学习和练习获得。它也是健身运动中最容易被忽略的身体部位。

影响平衡力的因素

一过 30 岁，人体的平衡力就开始下降，并且随着年纪增大还会越来越糟糕。当你伸手去地板上捡东西需要扶着其他东西时，你就会开始意识到自己平衡力的缺失。平衡力受几个因素的影响：视力、运动知觉、支撑底座、力量和柔韧性以及环境。

视力

视力是平衡力的关键。视野改变，你的直觉也会随之发生变化。当你训练平衡力时，你也就重新锻炼了大脑与肌肉连通的神经肌肉通路，同时也就相当于让这些通路更快地发生变化。反过来，当你从路缘上跨下来、跳过一个小水坑或者加快速度追出租车时，它会帮助你察觉到地形的变化。此外，那些有视力缺陷、未矫正近视或远视的人群失去平衡的概率会更大。

内耳健康也与你的平衡力有关。内耳中的流体可以探测你的体位。耳朵出现任何问题，比如内耳感染、眩晕或者耳垢过多等都会对平衡力产生影响。

运动知觉

运动知觉是你感知身体的方式，比如坐在椅子上、闭上双眼以及手臂举过头顶。你怎么知道自己的胳膊举过了头顶？你可以感知到或是感觉到。当肩部肌肉收缩，传感器会发送信息，通知大脑身体姿势的改变。姿势、方向、体形以及身体的精力都在不断变化，而你的运动知觉可以觉察到身体姿势发生的这些改变。你可以迅速将胳膊放下或者向身体一侧移动，而你的运动知觉会将这一信息传递给你的大脑。平衡力影响着你的运动知觉，反之亦然。

支撑底座

这些传感器能够检测到身体支撑底座的变化。当你站立时，你的双腿就是身体的支撑底座。当你双腿并拢时，支撑底座就会变小，要维持平衡就会更加困难；当双腿分得很开，你的支持部位就会变大，维持身体的平衡也就会更加容易。坐着的时候同样如此：当你坐在狭窄的围栏上不停地摆动双脚时，与坐在沙发上、双脚平放于地面相比，支撑底座（围栏）会让身体难以保持平衡。你的身体每时每刻都在寻求平衡，当身体重心以及支撑底座发生改变时，你的身体也会不断地随之调整。

力量和柔韧性

腿部和髋部肌肉无力或紧张都会对你的平衡力产生影响，髋部和膝盖周围的肌肉疲劳会影响姿势的稳定性。如果肌肉虚弱无力，你就无法长时间地保持身体平衡，走路时就很容易前倾或者朝一侧倾斜。如果你的肌肉紧张，那么你可能就无法满足一些运动对于身体柔韧性的要求，这也会对你的平衡能力产生影响。爬楼梯就是一个典型的例子，要进行这一运动，你一定要有强壮的腿部和髋部肌群以维持单腿平衡，灵活的髋关节和膝关节将腿抬高放在台阶上。你也可能会由于疾病、受伤、不良姿势、内耳问题或核心肌群软弱无力等原因导致身体的平衡力差。更多关于核心肌群的详情会在下一个步骤中进行阐释说明。

环境

环境因素，例如表面的变化以及光照条件都会对平衡力产生影响。例如，在结满冰的人行道上或者是湿漉漉的泳池夹板上行走，要比在硬木地板或者水泥路上行走难度大得多；在明亮的走廊中行走要比在昏暗的走廊中容易得多。

成功自测

☑ 列出四个可能会影响你的平衡力的因素。

具备良好平衡能力的好处

最近平衡力训练变得越来越流行，因为它已经被公认为是健身的要素之一，不仅可以改善生活以及日常活动质量，而且你的健康和运动表现同样也会受益。

除了身体方面的好处外，它也同样对你的心理有益。

平衡力的提升有助于健身的常规进行，因为平衡力是所有运动的基础，不论你是在跑步机上跑步还是在进行仰卧推举都是如此。当你跑步时，脚掌每次接触地面时你都在平衡身体。当你进行仰卧推举时，你需要一边平衡杠铃，一边努力将身体固定在长凳上。

如果你本身活泼好动，平衡力可以减少身体的损伤。过去，平衡力训练主要用于身体的康复治疗，但是平衡力训练也有助于在娱乐或比赛中预防踝关节或膝关节损伤。平衡力差会直接增加踝关节受伤的风险，并且男性的平衡力普遍比女性差。此外，平衡力训练也可以降低踝关节再次受伤的风险。

不管你是静止不动还是处于不断的运动中，平衡力都有助于维持脊柱和姿势的稳定。当你坐着看一场球赛、在电影院排队、爬楼梯或者从浴缸中出来，都可以很好地体现这一点。

老年人可以从平衡训练中获益良多——每年有 1/3 的老年人会跌倒。改善身体的平衡力可以有效地降低跌倒的风险；你是否具有良好的平衡力就能够比较准确地预言你将来是否会跌倒。另外，平衡力也有助于老年人更长久地维持独立性，因为他们不需要外界的帮助就能够完成日常活动。

最后，不管处于任何年龄阶段，平衡力训练都有助于保持自信，并改善自我效能感（对自我能力的信心）。相信自己能够完成健身计划中的运动，能够让你更好地坚持自己的健身计划。你的自信心越强，你的运动表现就越好。这种自信能够帮助你承担起更多困难的任务和目标。

成功自测

☑ 至少列出三项拥有良好平衡力的好处。

平衡力指南和设备

由于平衡力训练是健身运动家族的新成员，所以平衡力训练的频率和时间长短并没有明确的科学标准。《美国人运动指南》（*Physical Activity Guidelines for Americans*）（2008 年出版发行）指出，人们每周至少需要进行 3 次平衡力训练。但是，你可以随时随地进行平衡力训练，比如当你从椅子上站起来时不要借助双手的力量，或者在排队时单脚站立。

平衡力训练分为静态和动态两种。静平衡是在身体站立不动时进行的，如单腿站或者双脚站在波速球上。动平衡是在运动中进行的，例如走路时从脚跟到脚趾依次着地，或者单腿站立时另一条腿或双臂不断地摆动。你的平衡力日常训练应当同时包含这两种训练。表 7.1 所举的例子就说明了如何进行静平衡训练并稳步推进到动平衡训练。

　　尽管你需要在自己的健身计划中明确添加平衡力训练（见表7.1），但是当你健身时你也可以将平衡力融入自己的锻炼中。如果你运动时间有限的话，这可能会很有帮助。举个例子，当你进行肱二头肌弯举训练时如果采用的是普通姿势，那么你不妨增大两腿间的距离，或者右腿单独站立来完成一套动作，然后左腿单独站立再完成另一套动作。

表 7.1　　跪撑举臂抬腿顺序

阶段	动作	难度等级
步骤 1 初始位置	四肢着地维持身体平衡， 双手位于肩部正下方， 膝盖位于髋部正下方	**初级** 收腹 脊柱挺直 双目紧盯地面
步骤 2 静平衡	1. 一条腿从地面抬起 2. 坚持 5 秒钟 3. 另一条腿重复以上动作 4. 一只胳膊从地面抬起 5. 坚持 5 秒钟 6. 另一只胳膊重复以上动作 7. 一只胳膊在体前伸展，另一侧腿从地面抬起几英寸 8. 坚持 5 秒钟 9. 身体另一侧重复以上动作 10. 一只胳膊在体前伸展，另一侧腿在体后伸展，与身体呈一条直线 11. 坚持 5 秒钟 12. 身体的另一侧重复以上动作	**初级** 开始时一次只能抬起 一只胳膊或者一条腿 **中级** 弯曲的胳膊和腿同时抬高 **高级** 伸直的胳膊和腿同时抬高 延长运动时间

续表

阶段	动作	难度等级
步骤 3 动平衡	1. 保持静平衡姿势，肘关节朝身体下方的膝盖拉伸，然后重新恢复拉伸姿势 2. 重复做 5 次，然后换身体的另一侧	**中级** 动作幅度缩小，胳膊和腿部弯曲 **高级** 动作幅度扩大，胳膊和腿伸直 延长运动时间
步骤 4 球上静平衡	1. 髋部放在球顶，脚趾踩在波速球后部的地板上 2. 双手放在波速球前部的地板上 3. 前部的一条胳膊和后部的一条腿同时伸展，直至与身体呈一条直线 4. 坚持 5 秒钟 5. 身体的另一侧重复以上动作	**中级** 双手和脚趾放在离波速球较远的位置 **高级** 双手和脚趾贴近波速球 延长运动时间 *确保球体的大小使双手和脚趾能够碰到地板

阶段	动作	难度等级
步骤5 俯卧撑姿势中的 静平衡	1. 双手和脚趾呈俯卧撑姿势 2. 同时伸展胳膊和对侧腿，使其与身体呈一条直线 3. 坚持5秒钟 4. 身体另一侧重复以上动作	高级
步骤6 俯卧撑姿势中的 动平衡	1. 以静平衡俯卧撑姿势开始 2. 同时伸展胳膊和对侧腿，使其与身体呈一条直线 3. 手掌和脚掌同时下压，直至它们贴近地板，然后恢复初始姿势 4. 重复做5次，然后用身体的另一侧重复以上动作	特高级

指南

进行弓箭步或者台阶运动，站立或者坐姿运动，比如架空上臂肩上举，也有助于平衡力训练。以下就是针对平衡训练的基本策略。

- 坐姿。当你开始将平衡训练纳入健身计划中时，要以具有一定挑战性但同时又安全的运动强度作为训练起点。坐姿平衡训练就是一个安全且有效的训练方式。刚开始时借助一个稳定的基底，比如一只椅子或者一条凳子进行运动，然后再逐步过渡到波速球。

- 支撑。如果你感觉双脚不稳，就借助椅子或墙壁支撑身体。随着平衡力逐渐提升，你可以试着放开这些支撑物，但是依然要确保它们在你身旁，以确保身体安全。然后再逐步过渡到完全离开支撑物。

- 视觉。双脚分开站立，双眼微闭。感觉身体的摇摆以及如何保持身体的平衡。一旦你精通了某个平衡姿势，你可以逐步过渡到闭上双眼，这可以增加运动的难度。

- 焦点。双眼盯着固定不动的物体（有一个焦点）可以更容易保持身体的平衡。选择远处而非近处的一个物体，然后逐步过渡到可以上下左右随意移动焦点。

- 支撑基底。刚开始学习如何维持身体平衡时，支撑基底广泛是最佳选择。逐步过渡到通过并拢双脚缩小支撑基底，并进一步过渡到单腿站立。

- 运动计划。从三个平面进行平衡训练：从前到后、从一侧到另一侧以及旋转。从短杠杆（弯曲的双臂和双腿）开始，然后逐步过渡到拉伸双臂和双腿的长杠杆。

- 表面。刚开始时在坚实的表面进行平衡训练，然后逐步过渡到柔软的表面（比如垫子）；最后转向膨胀的物体表面，比如平衡盘或波速球。

设备

许多类型的健身设备都可以改进并挑战健身训练。

平衡盘（见图 7.1）是一种扁平的、枕头形状的盘子，它可以充气膨胀，以满足不同水平的平衡训练要求。平衡盘中的空气越多，维持身体平衡就越困难。

图 7.1 平衡盘

健身球有大有小，理想情况下你应当选择一个坐下时大腿可以与地面保持平行的球（见图 7.2）。和平行盘一样，球体充气越满，保持平衡就越困难。健身球可用于多种训练。

图 7.2 健身球

波速球意为"两面朝上"，因为它的两面都可以使用。这种半球一个面平坦，另一个面充气膨胀（见图 7.3）。与地面接触的圆形面可形成一个极不稳定的面，另一个平面朝下就可为站立训练提供一个绝佳的平面。

图 7.3　波速球

平衡板大多呈圆形，有一个稳定性极差的平面，可以左右前后移动（见图 7.4）。它由木头或硬塑料制成，并且极不稳定。

图 7.4　平衡板

半个或全泡沫轴（见图 7.5）可以与平衡木一样用于平衡训练，也可以双脚站在上面，创造一个更加不稳定的表面。

图 7.5　泡沫轴

　　请记住，进行平衡训练并不一定要借助这些运动设备——你可以通过做几个简单的瑜伽动作或者打太极拳来锻炼自己的平衡能力。瑜伽的种类有很多，但是你可以先从一些基本的姿势做起，如树式（将身体的重心转移到一只脚上，膝关节弯曲，另一只脚抬高，与支撑腿的内侧接触）。太极包含有一系列缓慢、专注的动作，同时还伴有深呼吸；每个姿势之间都自然过渡，而且你的身体始终在不间断地运动。

平衡训练

图 7.6　重心转移

运动准备

1. 双脚分开站立，与髋同宽。
2. 收腹，肩部放松后压。

运动方法

1. 呼气，身体慢慢右倾，同时将身体的重心转移到右脚上。

级别 1

时间延长至 10 秒钟（大约是 4 次深呼吸的时间）。

级别 2

闭上双眼完成运动。

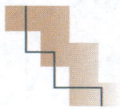

2. 左脚向身体的一侧抬起。
3. 坚持 5 秒钟（大约是 2 次深呼吸的时间）。
4. 收腹，慢慢恢复初始姿势。
5. 按照同样的方法将身体左倾，将身体的重心转移到左脚上。

错误动作
身体前倾。

动作纠正
肩部、髋部和膝盖保持在一条直线上。

错误动作
头部和颈部前伸。

动作纠正
下巴与地面保持平行。

图 7.7　泡沫轴平衡

a

运动准备

1. 身体仰躺，头部、脊柱及臀部与泡沫轴接触。
2. 双脚分开，与肩同宽，双手置于腹部。
3. 收腹，肩部放松后压。

运动方法

同时移动双脚，保持 10 ~ 30 秒钟。

级别 1（图 b）

1. 右臂向上伸展，左臂向下伸展，使它们与地面平行。
2. 双臂交替运动 10 ~ 30 秒钟。

b

级别 2（图 c、图 d）

1. 双臂伸直但不要僵住不动，将药球高举至胸部上方。
2. 将药球慢慢放在头部的后方，直至双臂与地面平行。
3. 恢复初始姿势。
4. 坚持 10 ~ 30 秒钟。

级别 3（图 e）

1. 双臂伸直但不要僵住不动，将药球高举至胸部上方。
2. 将药球朝身体左侧下移，直至双臂位于 10 点钟方向。
3. 恢复初始姿势。
4. 朝身体右侧重复以上动作。
5. 坚持 10 ~ 30 秒钟。

级别 4（图 f）

1. 双手置于腹部，左腿伸直，直至双腿膝盖持平。
2. 坚持 10 ~ 30 秒钟。
3. 重复以上动作，右腿抬高。

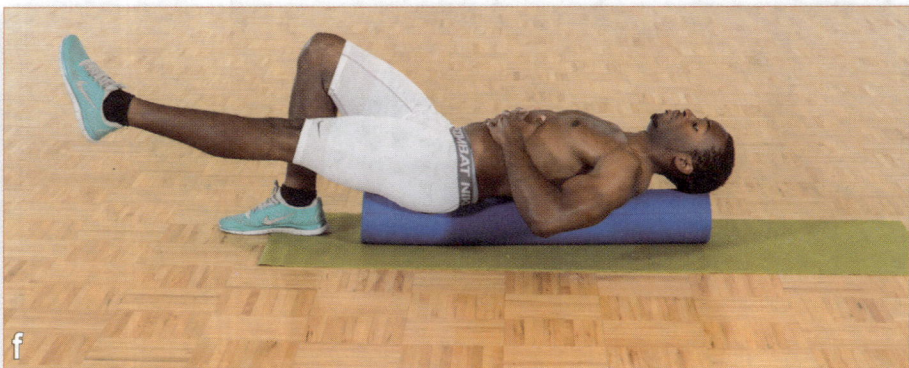

错误动作
你无法维持身体平衡。

动作纠正
双脚大大地分开。

图 7.8 单脚平衡

运动准备

1. 双脚分开站立，与肩同宽，收腹。
2. 双脚放松后压，同时将双手置于髋部。

运动方法

1. 将身体重心转移到右腿，同时左膝慢慢弯曲，且左脚从地面抬起。
2. 坚持 30 秒钟，然后将身体重心转移到左腿，重复以上动作。

级别 1（图 b、图 c）

1. 将腿向前摆动 45 度，然后向后摆动 45 度。
2. 重复做 8 ~ 10 次。

级别 2（图 d）

将一个圆锥体放在支撑腿附近，另一侧的手臂下伸去触碰锥体。

级别 3（图 e）

一条腿踩在波速球或平衡盘上。

错误动作

身体前倾。

动作纠正

背部挺直，且下巴与地面保持平行。

错误动作

抬高的那只脚抵住支撑腿。

动作纠正

抬高的那只脚悬在半空中。

图 7.9　躯干旋转单腿平衡

运动准备

1. 左腿站立，距离墙壁 6 英寸（约 15 厘米），双臂在胸前交叉。
2. 吸气，肩部放松后压。

级别 1

肩部与墙壁接触。

级别 2

重复做 45 秒钟。

运动方法

1. 呼气，身体慢慢向左倾斜，支撑腿的髋部和脚趾保持向前。
2. 吸气，慢慢恢复初始姿势。
3. 坚持 30 秒钟，然后用左腿重复以上动作。

错误动作
身体前倾。

动作纠正
背部挺直，且下巴与地面保持平行。

图 7.10　坐球平衡

运动准备

1. 坐在健身球上，双脚分开，牢牢地固定在地面上，与肩同宽。
2. 背部挺直，双手放在髋部。
3. 收腹，肩部放松后压。

级别 1（图 a）

1. 双脚移动并拢，收缩支撑底座。
2. 坚持 5 ~ 10 秒钟。

级别 2（图 b）

1. 右脚慢慢抬离地面。
2. 坚持 5 ~ 10 秒钟。
3. 右脚放回到地面上，用左脚重复以上动作。
4. 坚持 5 ~ 10 秒钟。

级别 3（图 c）

1. 右腿慢慢在体前伸展。
2. 坚持 5 ～ 10 秒钟。
3. 右脚放回到地面上，用左脚重复以上动作。

级别 4（图 d）

在腿部抬离地面的同时增加手臂向上向下的动作。

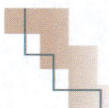

错误动作
上背部拱起。

动作纠正
背部挺直，且下巴与地面保持平行。

错误动作
为了维持身体平衡，导致动作幅度过大。

动作纠正
双脚大大地分开。

161

图 7.11　站姿轻击脚趾

运动准备

1. 左脚站立。
2. 收腹，肩部放松后压。

运动方法

1. 呼气，慢慢用左手在体前触碰右脚。
2. 吸气，慢慢恢复初始姿势。
3. 呼气，慢慢用左手在体后触碰右脚。

4. 吸气，慢慢恢复初始姿势。
5. 运动 30 秒钟。
6. 右脚站立，重复以上动作，用右手触碰左脚。

级别 1

将运动时间延长至 45 秒钟。

级别 2

将运动时间延长至 60 秒钟。

错误动作

身体弯曲幅度过大。

动作纠正

腿部抬高触碰手掌。

图 7.12　波速球蹲坐

运动准备

1. 双脚分开站立，与肩同宽，同时收腹。
2. 肩部放松后压。

运动方法

1. 呼气，臀部慢慢下移，同时背部挺直。身体下蹲，双臂前伸直至与地面保持平行。
2. 吸气，慢慢恢复初始姿势。
3. 重复做 5 ~ 8 次。

图 7.12（接上文）

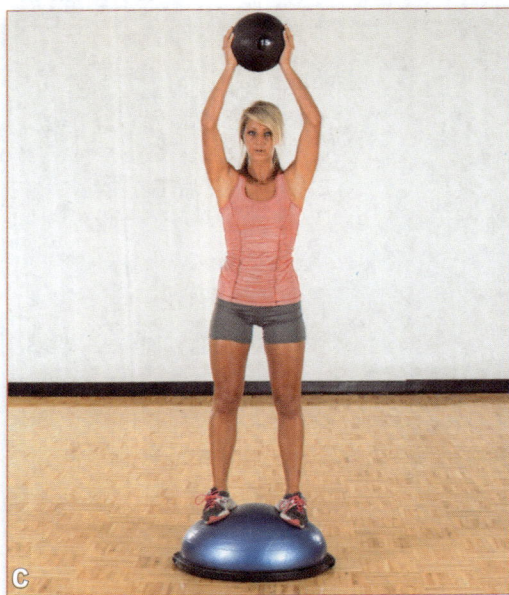

c

级别 1（图 c、图 d）

将药球动作加入运动中，或者将波速球倒过来放在地上。

d

级别 1：药球动作

级别 2：将波速球倒过来

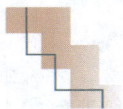

错误动作
上半身前伸。

动作纠正
背部挺直，且下巴与地面保持平行。

错误动作
臀部和双腿同时动作。

动作纠正
膝盖弯曲，同时臀部下沉。

图 7.13　站立摸高

运动准备

1. 将 3 ~ 5 个小圆锥体（你可以用汤罐头代替）放在 10、11、12、1 和 2 点钟方向，且在伸手可触的范围内。
2. 右腿在中间的那个圆锥体后站立。
3. 收腹。

运动方法

1. 慢慢吸气，用右手触碰左侧最远的那个圆锥体。
2. 呼气，慢慢恢复初始姿势。

3. 重复以上动作，用右手触碰每一个锥体。
4. 右脚站立，用左手重复以上动作。

级别 1

1. 在 11 点钟方向、12 点钟方向和 1 点钟方向放 3 个圆锥体。
2. 加快运动速度。

级别 2

1. 在 10 点钟和 2 点钟方向增加圆锥体。
2. 加快运动速度。

图 7.14　星形平衡

a

运动准备

1. 将 4 根胶带对称地放在地板上，组成一个八角形。
2. 站在八角形的正中心，左腿单脚站立维持身体平衡，收腹；肩部放松后压；右脚轻击地面。

运动方法

1. 右脚朝最远的那根胶带尽可能地前伸，然后回到中心位置，用左腿维持身体平衡。
2. 重复以上动作，右脚按照顺时针方向伸到下一根胶带，然后回到中心位置。

b

c

图 7.14（接上文）

3. 继续以上动作，直至你已经轻击了所有的 8 根胶带。
4. 将身体的重心转移到右腿上，按照逆时针方向用左脚轻击地面，重复以上动作。
5. 确保膝盖不发生转动；保持膝盖始终向前。

图 7.14　星形平衡

错误动作
支撑腿发生转动。

动作纠正
保持支撑腿（膝盖）始终向前。

错误动作

上半身前伸。

动作纠正

背部挺直，且下巴与地面保持平行。

　　尽管你可能有时间完成每组3次、每次15～20分钟的平衡力训练，但是你可能没有多余的时间把所有的精力都用在平衡力训练上。然而，在不增加运动时间的前提下，你可以将平衡力训练加入健身计划中。你可以将平衡力训练当作是运动前的热身运动，也可以将它作为运动后的放松运动，或者你也可以在负荷训练的过程中进行平衡训练。

　　你可以在平衡木上行走3～4分钟或者完成一整套星形平衡训练作为热身或放松运动。举个例子，在首次进行星形平衡训练时，你的脚可以伸到胶带中间。到了第二轮，脚伸到胶带的3／4处，等到第三轮就伸到胶带尽头。新手还可以用4根胶带代替8根（长度也可变短）。

单腿平衡热身或放松运动

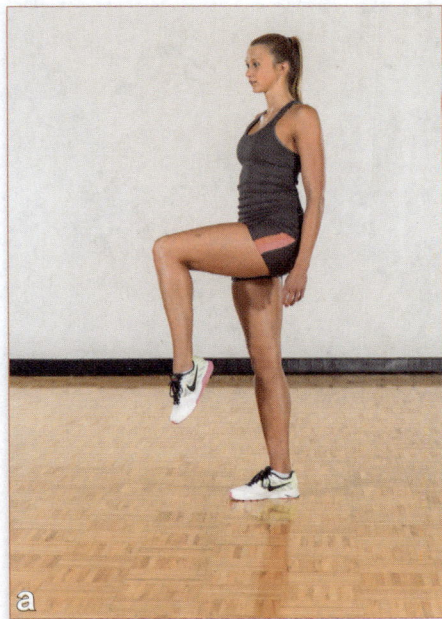

1. 单腿静态平衡。
2. 单腿前后摆动。
3. 单腿向一侧摆动。
4. 单腿旋转。

　　首先单脚静态站立，保持10秒钟（图7.15a），然后再增加动作（动平衡）：单腿前后摆动10次（图7.15b和图7.15c），然后向一侧摆动10次（图7.15d）。加入脚部旋转动作，朝顺时针和逆时针（图7.15e）各做10次。运动新手可以每条腿重复做5次，也可以扶墙维持身体平衡；资深运动者可以借助波速球或平衡盘（图7.16）完成平衡训练。

图7.15　单腿平衡热身或放松运动

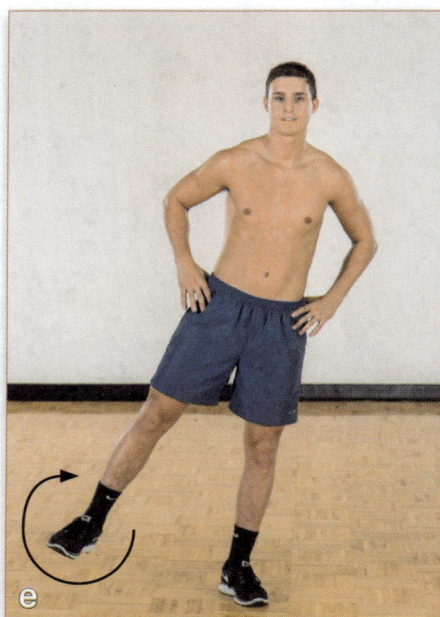

　　运动过程中，你可以将许多运动项目中原来的双腿站立动作换成单腿动作，比如站姿哑铃、杠铃曲臂或哑铃推举。如果你现在能够完成3组二头肌弯举动作，那么你就可以用右腿或左腿各完成一组平衡训练（图7.17a）。一旦你可以单腿轻松完成这一动作，你就可以试着使用圆面朝上的波速球（图7.17b）；想要进一步增大运动难度，你可以将圆面朝下完成运动（图7.17c）。

图 7.16　波速球单腿平衡

图 7.17a　哑铃单腿平衡

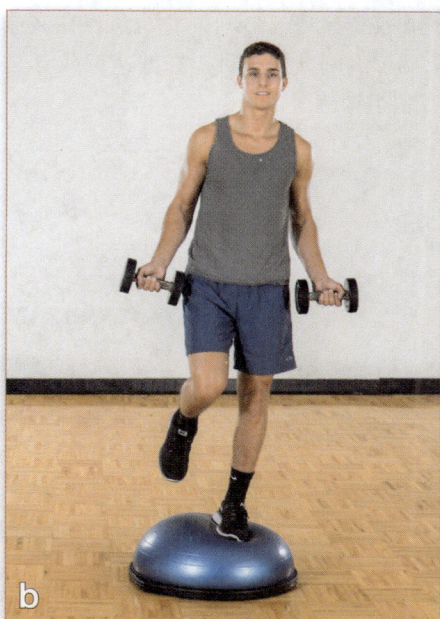

图 7.17b　哑铃波速球单腿平衡

图 7.17c　哑铃颠倒波速球单腿平衡

你可以用抗力球或者波速球代替平凳或椅子，在运动过程中呈坐姿或者仰卧、俯卧姿势（图 7.18）。你也可以在波速球上进行下蹲或者俯卧撑等负重训练（图 7.19）。刚开始时可以在波速球或者健身球上完成一组训练，然后再增加到 2 组或多组训练。

图 7.18　坐球或者躺球训练

图 7.19　用反波速球进行重量训练

　　将平衡训练加入健身计划中的另一个选择就是从自己目前的健身计划中减少一项运动（如俯卧撑），并且在接下来的 2 周时间内用波速球进行平衡力训练。2 周后，换成另一项运动（三头肌弯举）或者利用健身球进行坐姿手臂屈伸（图 7.20）。2 周后，再换成另一项运动并加入平衡力训练，以此类推。

图 7.20　坐姿哑铃臂屈伸

成功自测

☑　选择适合你目前健身水平的一项平衡运动。

☑　至少列出更具挑战性的两个级别的平衡运动。

平衡力小结

平衡力是健身的一个重要部分，因为从你早上起床开始一直到晚上睡觉，它都对你的日常生活有着重要影响。请记住，如果你没有时间单独进行平衡力训练的话，那么你可以将其纳入日常锻炼或日常生活中（洗碗或者洗手时单脚站立）。

在迈出下一步之前

1. 你是否选择了一到两项平衡运动纳入自己的健身计划中？
2. 你是否可以方便地使用进行平衡力训练所需的设备？
3. 你是否确定了将平衡训练纳入健身常规中的日期和次数？

核心力量与稳定性

核心肌群（有时被称作"人体发电站"）是连接上肢和下肢的桥梁。有些人的注意力会放在外在的六块腹肌上，因为它们是可见的，并且错误地将它们称作核心肌群。由于大部分核心肌群是看不见的，所以很容易被忽略，但是它们对于整体的健康、健身和运动表现至关重要。核心肌群由从胸腔到骨盆的所有肌肉组成，包括那些缠绕在脊柱以及重要脏器周围的肌肉。

即使在你运动时，核心肌群也可以使脊柱维持正常的 S 形曲线，不管你是坐着、蹲着还是击打网球，都是如此。这些肌肉可以转移身体重心、传递能量、控制身体动作。所有的动作要么是由核心肌群发出的，要么需要通过核心肌群从上肢转移到下肢，反之亦然。

从侧面观察，如图 8.1 所示的正常 S 形就是脊柱的正常姿势。如果脊柱呈正常的 S 形，身体的压力就能均匀地分散到脊柱的各个部位。这就是在进行基础运动时，比如下蹲、俯卧撑、二头肌弯举、行走或者坐下时保持脊柱中立位（收腹，肩部放松后压）之所以如此重要的原因了。

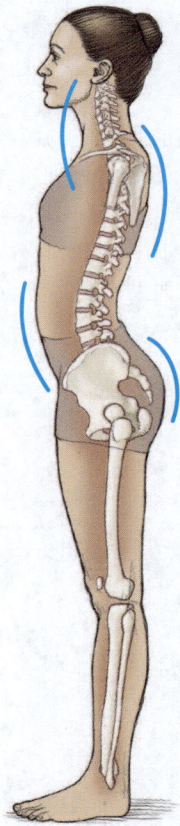

图 8.1 S 形脊柱

核心肌群

我们将会弄清楚六大肌肉群、它们的位置以及用途。请记住，这些肌肉要么是用来稳固核心肌群的，要么是使核心肌群进行运动的。

腹直肌

腹直肌是六大肌群中最广为人知的一个——它可以使腹部出现六块腹肌，如图 8.2 所示。这两条狭长的肌肉垂直贯穿整个身体前侧，附着在胸骨到骨盆之间。它们由纤维束水平贯穿（但并没有附着其上）。当你搬运重物时，这些肌肉能够使身体前倾，稳固上肢。当你用力呼气时，腹直肌也有助于呼吸。

腹斜肌

腹外斜肌是所有的腹部肌肉中最大的一块，向内向下斜穿身体前侧，形成一个 V 字形（图 8.3）。它们可以使身体左右移动。腹内斜肌位于腹外斜肌下方，缠绕着脊柱并延伸至腹部中间的位置。它们使身体向一侧弯曲扭动，并在运动过程中支撑脊柱。它们又被称作"同侧回旋肌"，因为与腹外斜肌的动作方式恰好相反。举个例子，如果你向右转动，就会同时调动左右两侧的腹内斜肌。

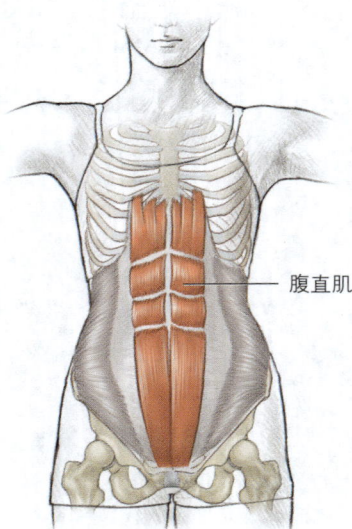

图 8.2　腹直肌

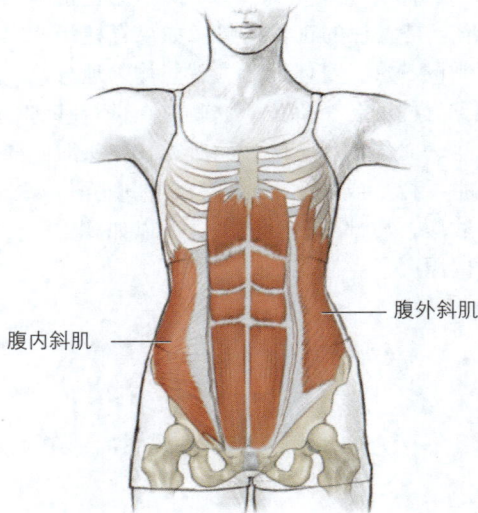

图 8.3　腹斜肌

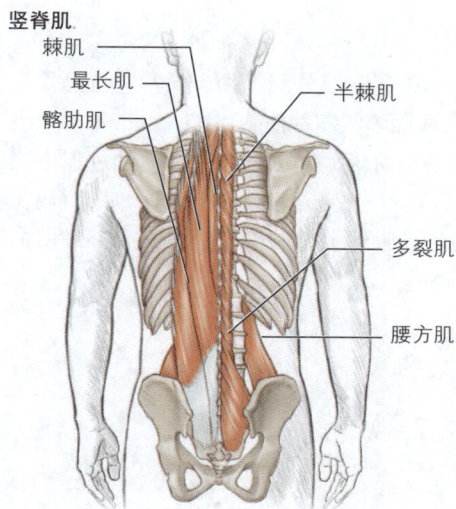

图 8.4　竖脊肌

竖脊肌

竖脊肌实际上是一组沿着脊柱分布的肌肉群（图 8.4），与腹肌一起支撑上肢，不管你是坐着、跑步还是站在水池旁洗碗时都能够保持脊柱挺直。这些最容易被忽视，但也是最重要的肌肉，也能够左右移动身体，是维持良好姿势的关键。

腹横肌

腹横肌位于腹肌的底层，如图 8.5 所示。它们可以稳固下背部，尤其在运动过程中更是如此。它们同样也围绕在内部重要器官周围并对其进行保护。注意，当有人准备击打你的腹部时，它会使你的腹部肌肉绷紧！腹横肌就像紧身衣一样水平地缠绕在躯干上。多裂肌就好像是紧身衣（腹横肌）上的蕾丝。它们的体积虽然最小，但却是支撑脊柱的最有力的肌肉。通过将身体重量分散到 S 形的脊柱上，它们有助于减轻椎间盘的压力。同时它们也是在进行真正的运动，比如打开车门或做弓箭步之前最先被调动的一批肌肉。

骨底肌

骨底肌位于骨盆底部，充当着支撑膀胱或其他器官的"吊床"或者"小蹦床"。不论是男性还是女性，拥有强健的骨底肌都十分重要，因为它们可以支持膀胱和肠。人体的所有动作都有骨底肌参与。

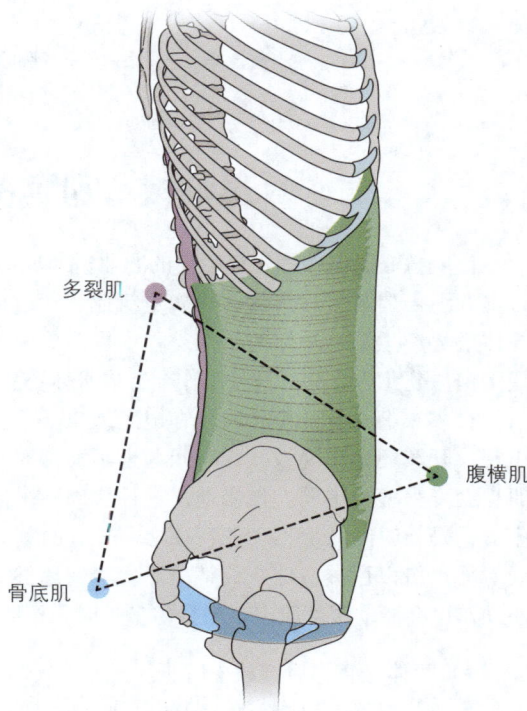

图 8.5　腹横肌

横膈膜

横膈膜是一种圆顶状的核心肌肉，将胸肌和腹腔分割开来，同时它也是重要的呼吸肌肉，如图 8.6 所示。当你吸气时，横膈膜收缩并使胸腔扩大，产生一个吸入的动作使空气进入到肺部。这样能够减轻胸内压，这也是为什么运动过程中正确的呼吸如此重要的原因。在运动最吃力的阶段——当运动动作非常困难的时候，比如二头肌弯举过程中的上抬动作或者俯卧撑中的上抬动作，横膈膜能够帮助你呼气。

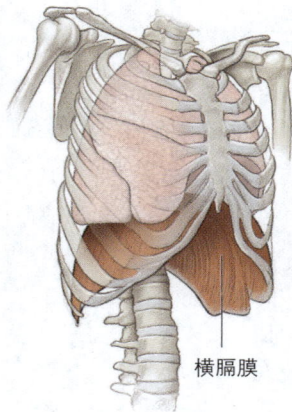

横膈膜

图 8.6　横膈膜

影响核心肌群的因素

影响核心肌肉的因素包括你的职业、活动和运动、久坐不动以及身体健康状况。许多职业需要频繁地弯腰，比如建筑业、管道行业以及补充货架，这样会对你的身体姿势产生影响。你的工作过程中可能需要单侧携带物体，比如邮递信件或者用手抱住婴儿的臀部。这些工作会造成身体姿势异常。

许多人会连续几个小时坐在电脑或桌子前。但是不论你是坐在那里工作、看电视、开车还是吃晚饭，长时间久坐不动都对身体有害。你的腹肌会变短，竖脊肌也会变得瘦长虚弱。慢慢地，这种肌肉不平衡会造成驼背——一种向前的弯曲姿势，是长时间久坐不动的特征之一。长时间久坐不动需要时不时地休息一下，或者你也可以用健身球来代替椅子。当使用健身球时，即使是维持身体平衡的微小动作也会调动腹部肌肉。当身体坐下时，按照以下规则确保姿势正确。

- 身体坐直，肩部放松后压。
- 骨盆后侧抵住椅背，背部松弛下垂。
- 用腰部支撑或者用小枕头来支撑下背部的自然弯曲。

- 座椅的高度应当能够使双脚平放在地面上，双腿膝关节弯曲呈90度角（如果座椅太高，可以用一张搁脚凳）。
- 尽量避免双腿交叉，因为这样会使骨盆向后旋转，一侧髋关节抬高，将所有的压力都压在一侧的髋关节，导致背部不在一条直线上。
- 两侧肘关节弯曲呈90度并贴近身体。
- 双手、手腕和前臂都与地面保持平行。
- 确保你的电脑显示器的顶端与双目齐平。
- 每坐 20 ~ 30 分钟就站起来活动 1 分钟。

影响核心肌群的另一个因素就是你所进行的活动和运动。不可否认的是，我们鼓励积极参加运动，但是一些运动却会对核心肌群产生消极影响。举个例子，当你在赛车上花几个小时连续锻炼时，由于上肢在手把上方压得很低，这样会造成背部核心肌肉过度伸展且腹肌收紧。那些每天跑几个小时的运动者容易形成头部前伸、身体前倾的习惯，这会影响脊柱沿线控制身体姿势的肌肉。而脊柱和骨盆不良的姿势会造成下背部疼痛。

影响核心肌群的最后一个因素就是你的健康水平。肌肉既需要强壮，也需要富有弹性。核心肌群一定要足够强壮，以支撑脊柱以及上肢和下肢的动作，但是如果对应的核心肌群收紧，就很难维持这样的支持力。例如，你的下背部肌肉可能非常强壮，而腹肌却虚弱无力，这种不平衡可能会导致疲劳、疼痛或受伤。另一方面，过度训练腹部肌肉、追求六块腹肌而忽略下背部肌肉，你同样会出现下背部疼痛或者受伤。

成功自测

- ☑ 列举可能影响核心肌群的四个因素。
- ☑ 核心肌群都包括哪些肌肉？
- ☑ 什么是所谓的 S 形曲线？

拥有强壮核心肌群的好处

强壮的核心肌群可以强化平衡力、稳定性，提升文娱活动和运动的表现，你的工作和日常生活同样也会有所改善。它有助于你保持背部健康、改善姿势、降低受伤风险。

强壮的核心肌群与平衡力密不可分。研究表明，随着核心力量的增强，人体的平衡力也会得到改善。强壮的核心肌群带来的更好的平衡力和稳定性可以有效降低跌倒的风险。此外，不管你朝哪个方向移动，不论你是从办公室的椅子上站起来还是做前进正压腿，强壮的核心肌群都可以稳固身体。

在运动或者娱乐活动中，不论动作从那里开始，它要么是从核心肌群发出的，要么是通过核心肌群。你可能会想，当你移动时，大部分工作都是由双臂和双腿完成的。相反，动作是从核心肌群发出的，然后才向外移动。你的上肢或下肢的功能强大与否与核心肌群的力量密切相关。这当然会对一些运动，比如轮滑、瑜伽或接球时产生影响。

不论你是需要不断扭转身体或抬升重物的建筑工人还是办公室职员，你的工作也能够从强健的核心肌群中受益。坐在办公桌前也同样离不开强壮的核心肌群。它能够帮助你保持良好的姿势，避免工作过程中肌肉产生疲劳。当你进行一些日常活动，比如抬高、搬运、伸手取物、拖地以及弯腰时也同样如此。所有这些动作都是由核心肌群发出的。

大约有 20% 的人群在某种情况下会出现下背部疼痛或受伤的情况。核心肌群虚弱无力并不能给脊柱提供足够的支持，使你遭遇椎间盘突出的风险。核心训练可以减轻下背部疼痛，并且可以预防再次受伤。核心肌群无力会导致身体萎靡不振，不仅增加脊柱的损耗，并且会使深呼吸变得更加困难。强壮的核心肌群可以维持良好的姿势，因为这样能够使身体更加挺拔，四肢也整齐排列。良好的姿势可以拉伸脊柱，从而使它在弯曲伸展时能够朝任一方向移动。另外，良好的姿势也可以打开呼吸道，使吸气和呼气都变得更加顺畅，让你的气色和感觉都变得更好。

强健的核心肌群能够确保身体所有的系统得到保护，并且当你移动身体时也可以继续发挥自己的功能。这些系统包括内部脏器、中枢神经系统以及体内最重要的动脉和静脉。如果由于核心肌群虚弱无力，导致脊柱的某个部分受到持续的压力，这迟早会影响你的动作，并造成身体疼痛。

强健的核心肌群带来的挺拔身姿有助于增强自信。身体站得笔直会给人留下自信和胸有成竹的印象，相反，如果无精打采则会给人懦弱和被打败之感。强壮的核心肌群能够让你更好地控制核心肌群，减轻其他肌肉群由于过度劳累而产生的紧绷感。

成功自测

☑ 至少列出拥有强健核心肌群的三个好处。

核心训练

锻炼核心肌群不仅仅只是做几轮卷腹运动，而是要对从胸腔到骨盆的所有肌肉群进行锻炼。核心稳定性的五大要素分别是运动控制、功能、力量、耐力以及柔韧性。不管你多么强壮或者耐力有多好，如果缺少了运动控制和核心肌群的功能，其他三个要素就完全无效。

你一定要有核心稳定性来支撑或保护脊柱。你的核心稳定性越强，受伤的风险就越低。首先通过做猫牛式找到你的脊柱中立位（图 8.7）。

图 8.7　猫牛式

运动准备

　　四肢着地（膝盖位于髋关节正下方，双手位于肩关节正下方）。

运动方法

1. 背部拱起，摆出猫伸展的姿势。

2. 背部弯成拱形，摆出母牛的姿势。

3. 最后，脊柱的位置介于猫和母牛之间。这就是脊柱中立位。

4. 双目盯住地板，后脑勺、肩胛骨和下背部在同一条直线上。

一旦你能够用双手和双腿的膝盖保持脊柱中立位姿势，那就尝试在进行平板撑时保持脊柱中立位（图 8.8），然后是俯卧撑姿势，头部、肩胛骨和下背部保持在同一条直线上。训练每一种稳定姿势，直至你能够坚持 60 秒钟。

图 8.8 平板撑

图 8.8　正确的俯卧撑姿势是肘关节着地（图 a），且双臂伸直（图 b）；而不正确的姿势则是肘关节或双臂着地（图 c）

图 8.9 跪撑举臂抬腿

在保持核心稳定的条件下完成各个动作。这项运动从四肢着地、脊柱保持中立位的姿势开始。左臂慢慢抬起与地面平行，这一过程中核心肌群保持稳定不动（不发生移动）。用右臂重复以上动作，然后左腿和右腿依次进行以上动作。坚持 2 ~ 5 次的深呼吸时间。为了确保核心肌群稳定不动，可以将泡沫轴放在下背部，然后再完成以上动作。运动过程中泡沫轴应始终保持水平。如果运动期间脊柱发生移动，说明核心肌群的稳定性较差。

四肢着地

脖子伸长且肩部下压（图 a）。

单臂

- 手臂伸展（不抬高），与地面保持平行。
- 胸部不能下沉，肩胛骨禁止向内翻转。
- 左右臂相互交替运动，每只胳膊重复完成 2 组，每组重复做 5 次（图 b）。

单腿

- 单腿伸展（不抬高）（图 c）。
- 稳固的脊柱应当保持中立位姿势（略微弯曲），并调动腹肌参与到运动中。
- 左右腿相互交替运动，每条腿重复完成 2 组，每组重复做 5 次。

泡沫轴（或者健身球）

- 运动过程中将泡沫轴或健身球放在下背部（图 d），坚持核心肌群的稳定性。
- 保持泡沫轴（或者健身球）稳定不动。
- 右臂和左腿同时动作，进入下个步骤，保持脊柱中立位以及核心肌群的稳定性（图 e）。
- 身体的一侧重复以上动作，训练身体耐力；身体两侧交替训练运动能力。

级别范例

2组，每组重复做5次。

确保正常呼吸——不要屏住呼吸。

级别1

1. 身体摆出跪撑举臂抬腿姿势，胳膊和腿同时下压至地板，然后恢复初始姿势（图f）。
2. 利用泡沫轴来确保核心肌群的稳定性。

级别2

1. 身体摆出跪撑举臂抬腿姿势，胳膊和腿同时朝顺时针方向移动，然后再朝逆时针方向移动（图g）。
2. 确保动作是从肩关节和髋关节发出的。
3. 利用泡沫轴来确保核心肌群的稳定性。

级别 3

1. 身体摆出跪撑举臂抬腿的姿势，肘关节和膝关节靠拢，然后再伸展（图 h）。
2. 利用泡沫轴来确保核心肌群的稳定性，因为你的背部会不自觉地拱起。

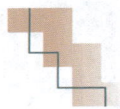

h

错误动作
下背部移动。

动作纠正
运动过程中腹肌收缩。

错误动作
凭借一股冲力将腿和手臂抬起。

动作纠正
考虑伸展胳膊和腿而不是将其抬高。

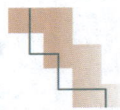

错误动作
头部和颈部下伸。

动作纠正
双眼直盯住地板，保持后颈部和上背部在一条直线上。

图 8.10　**骨盆底收缩**

a

运动准备

1. 身体呈仰卧姿势，膝关节弯曲，双脚平放于地面。
2. 手指指尖放在髋骨下方和内侧 1 英寸（约 2.5 厘米）处，以防止其他肌肉收缩（腹部、臀部和腿部不应当发生任何移动）。

高级运动

1. 刺激盆底肌。
2. 呼气，同时左脚脚跟慢慢向外滑动，骨盆底始终参与到运动中。
3. 吸气，恢复初始姿势。
4. 用左腿重复以上动作。
5. 每周完成 10 ~ 30 组，每组重复做 3 次。

运动方法

1. 呼气，收缩用来阻止尿流的肌肉并坚持 5 ~ 8 秒钟。感觉骨盆底向上抬升。
2. 吸气并放松。
3. 确保身体不会下压，即骨盆底向下压而不是向上抬起。
4. 每组完成 10 ~ 30 组，每组重复做 3 ~ 5 次。

b

错误动作
头部从地面抬起。

动作纠正
头部和颈部放松并紧贴地面。

图 8.11　骨盆倾斜

a

运动准备

　　身体呈仰卧姿势，膝关节弯曲，双脚平放于地面。

运动方法

1. 呼气并慢慢收缩骨盆底，骨盆向后靠并慢慢朝肩部方向卷起。
2. 吸气，恢复初始姿势。
3. 每周完成 10 ~ 30 组，每组重复做 3 次。

高级运动

1. 刺激盆底肌。
2. 呼气并慢慢收缩骨盆底，骨盆向后靠并慢慢朝肩部方向卷起。
3. 右侧骨盆抬高成倾斜姿势，然后再换成左侧，就好像是齐步走一样，运动过程中保持正常呼吸。
4. 每周完成 10 ~ 30 组，每组重复做 3 次。

b

错误动作

臀部抬得过高。

动作纠正

下背部和臀部放松。

除了许多专门锻炼核心肌群的运动外，还有不计其数的运动可以强化核心肌群。在进行功能性运动，比如硬拉、过顶深蹲、俯卧撑以及拳击、跑步和游泳等运动时要考虑调动核心肌群。这涉及调动骨盆底、收腹以及腹肌绷紧等动作。通过这样做，你的运动效率将会提高，肌肉力量也会增大。

核心稳定性和灵活性发展范例

当运动轻而易举就可以完成时，增加一组练习（见表8.1a 和表8.1b）。

表8.1a　运动1：跪撑举臂抬腿

组数和重复次数	运动
1×5	左右臂相互交替
1×5	左右腿相互交替
1×5	右臂和左腿，左臂和右腿相互交替

表8.1b　运动2：跪撑举臂抬腿

组数和重复次数	运动
1×10	左右腿相互交替
1×10	右臂和左腿，左臂和右腿相互交替
1×10	左右臂相互交替
1×10	右臂和左腿，左臂和右腿相互交替

根据自身稳固核心肌群的能力，这些运动你应该每周都重复做几次。一旦你已经完成了对核心稳定性的训练，你就可以过渡到外层的核心肌群（那些你的眼睛能够看到的），利用针对性运动锻炼身体的力量、耐力和柔韧性。

利用波速球、健身球进行平衡训练，或者上瑜伽、普拉提课程，是锻炼核心肌群的另外的途径。请记住，你的核心肌群是由内而外进行锻炼的。不仅是专门的运动，在所有的运动中你都应当让核心肌群参与其中，包括日常生活、行走、坐在办公室的椅子上等。

成功自测

☑ 为核心肌群中的每一组肌肉都选择一项适合自己目前健身水平的核心运动。

☑ 为每一项核心运动都至少列举一个高级别运动。

核心肌群小结

核心肌群是人体最重要的肌群之一。在进行每一项运动时，它都支撑着你的身体。确保自己能够花一些时间来强化和拉伸所有相关肌肉，而不仅仅只是外表可见的部分。请记住，我们的日常运动也能够调动核心肌群，而不仅只是在运动过程中。

在迈出下一步之前

1. 在进行猫牛式训练时你是否有能力稳固核心肌群？
2. 你是否为每一个核心肌群都选择了一项核心运动，并加入自己的健身计划中？
3. 你是否在健身常规中确定了进行核心稳定性和灵活性训练的日期和次数？

营养

运 动和健康饮食密不可分。你的整体健康受日常饮食的影响。营养就是为了满足健康和成长的需要，消耗食物的过程，因为你的身体每周7天、每天24小时都在不间断地分解和重建细胞。所以，你放入嘴中的每一口食物要么对健康有益要么有害。

恰当的营养加上运动，不仅可以保持身体健康强壮，并且有助于预防肥胖、糖尿病、某些癌症以及心脏病等疾病。健康饮食可以强化免疫系统，防止疲劳。它可以延缓衰老、保持体重、给你能量。最后，吃得好可以保护骨骼和牙齿，强化专心致志的能力，改善运动表现。

不管你是正在减肥、增长肌肉或者维持现有的健身水平，那么在这个等式中最重要的一个部分就是营养。不论你的锻炼运动强度多大、时间多长，如果没有恰当和适量的营养，你的身体就不会发生变化，或者变化得非常缓慢。你在锻炼过程中付出的辛劳可能会付诸东流，因为你的身体可能会燃烧肌肉（这会减缓新陈代谢），储存脂肪。

最佳健康所需的营养

现在你已经完全了解到了锻炼的重要性，这个步骤将会帮助你理解营养需求以及如何满足这些需求的重要性。营养物质就是指身体为了发挥正常功能所需的一种物质。其中的三大主要营养素分别是蛋白质、碳水化合物和脂肪；三大微量营养素分别是矿物质、维生素和水。身体要正常地生长以及发挥功能，都离不开这些营养元素。

蛋白质

蛋白质可以修复细胞和组织并维持身体健康。每一个人体细胞中都含有蛋白质，同时它也是肌肉、器官、皮肤和腺体的主要构成部分。它可以使血细胞保持健康并强化免疫系统。

蛋白质由氨基酸组成，每20个氨基酸可以合成任何一种类型的蛋白质。人体可以合成11种非必需氨基酸，而另外9种必需氨基酸则需要从饮食中获取。你所食用的蛋白质是按照它所提供的必需氨基酸的数量进行分类标记的。

完全蛋白质包含了所有的必需氨基酸，其主要来源是鱼、肉、家禽、鸡蛋、牛奶以及乳酪等动物蛋白质。以下就是相关范例。

- 3盎司的肉（约85克）中含有21克蛋白质。
- 8盎司牛奶（约240毫升）中含有8克蛋白质。
- 1杯干豆子中含有16克蛋白质。

不完全蛋白质中缺少一种或多种必需氨基酸。补体蛋白质是两种或多种不完全蛋白质，当这些蛋白质相互结合，可以为人体提供足够的必需氨基酸。如果你是一位素食主义者，这一点就显得尤其重要。以下就是相关范例。

- 谷物和豆子、大米等豆类；玉米和豆子；素食辣椒配面包。
- 谷物和坚果种子，如花生酱配全麦面包、面包条配芝麻、大米配芝麻。
- 豆类和坚果，如鹰嘴豆泥和什锦杂果。

一天需要消耗多少蛋白质取决于你的活动量、肌肉质量、健康状况和年龄大小。普通成年人的饮食中蛋白质的含量应占到10%～35%，根据美国农业部发布的数据，女性每天需要46克蛋白质，男性每天需要56克蛋白质。这就相当于每天要吃2～3份蛋白质。蛋白质摄入过量可能会引发高胆固醇、痛风并损害肝脏。过度食用蛋白质并不会增加肌肉或者使身体变得更加强壮，知道这一点也非常重要。蛋白质过量也会导致体重增加。健康、均衡的饮食就足以满足身体的需求，无须再进行额外的补充。然而，部分群体对于蛋白质的需求要比常人更大：怀孕的妇女（增加10克）和处于哺乳期的妇女（增加20克）、运动员、健美运动者以及非常活跃的人群（大约增加50%蛋白质）。

成功自测
- ☑ 蛋白质在体内有什么作用？
- ☑ 列出每餐饭：早饭、午饭和晚饭你可以吃到的两种蛋白质（或者蛋白制品）。

碳水化合物

碳水化合物由碳、氢和氧三种元素组成，是人体主要的能量来源。然而，近几年流行的节食减肥法却将它视为洪水猛兽。但是研究表明，碳水化合物有助于降低罹患慢性病的风险。我们究竟该相信哪种说法呢？这两种说法都正确，因为碳水化合物也分为了好与不好两种。

复合碳水化合物中包含糖类、纤维以及帮助身体正常工作的淀粉。尽管复合碳水化合物和简单碳水化合物都最终被分解成糖，前者中还含有纤维，这是身体无法消化和吸收的植物部分。当你食用高纤维食品，体内的糖分就会受到抑制，分解速度变慢，这样你的身体就能将碳水化合物作为燃料。此外，以脂肪形式储存在体内的碳水化合物也会减少，体内的血糖水平也会保持稳定。纤维可以避免血糖水平突然升高，这样你体内的能量就足以满足一整天的需求。某些类型的纤维，比如燕麦中的纤维，可以降低胆固醇。另外，纤维在控制体重方面也卓有成效，因为它能够使你产生饱腹感。好的碳水化合物也可以降低患心脏病和结肠癌的风险。

碳水化合物有利于人体对钙的吸收，通过向肠道提供营养物质、促进有益菌群的生长来管理消化系统，以及调节血液中的糖原数量。另外，它也负责管理心率、呼吸、大脑功能。一旦身体已经有了所需的碳水化合物，那么一部分多余的碳水化合物就会以糖原的形式储存在肝脏和肌肉中，剩下的就会以脂肪的形式储存在体内。

锻炼后的那餐饭极为重要，因为此时你的肌肉恰好处于空窗期，可以大量储存肌糖原，满足下一个锻炼日的需求。务必保证自己能够在锻炼结束后的 30 分钟空窗期摄入复合碳水化合物。同样地，你的身体在锻炼后的 1 小时内也需要蛋白质，这样你的肌肉组织才能更快速地恢复。巧克力牛奶是锻炼后的最佳食物之一，因为它既含有碳水化合物也含有蛋白质。

单一碳水化合物热量极高，普遍存在于除去纤维的加工谷物中，比如精制谷物和精制糖。当你摄入这些食物，它们就开启了一个循环：它们迅速被消化分解，造成糖分激升（血糖水平突升），然后身体就会感觉疲劳、饥饿，并渴求更多的糖。不要忘记，通过这个循环，你的身体可以将多余的碳水化合物以脂肪的形式储存起来。

含有复合碳水化合物以及纤维的食物有全谷物、蔬菜、水果和豆类。以下列举的就是复合碳水化合物。

- 全谷物：糙米、玉米、小麦、大麦、燕麦、斯佩耳特小麦。
- 蔬菜：胡萝卜、绿皮西葫芦、黄瓜、水萝卜、芦笋、洋葱、菠菜、花椰菜、青菜豆、山药、土豆。
- 水果：西红柿、苹果、梨、草莓、葡萄柚、桃子、樱桃、香蕉、李子、瓜类。
- 豆类：豌豆、芸豆、斑豆、黑豆、鹰嘴豆、豌豆瓣、扁豆。

不好的单一碳水化合物包括白面包、白面条、含糖的燕麦片、果汁、软饮料、甜甜圈、糖果、饼干、蛋糕。

根据美国农业部的数据，成年人每日所需的 45% ~ 65% 的热量都来自碳水化合物。这相当于每天摄入 130 ~ 190 克的碳水化合物——单单你的大脑每天就需要 100 克的碳水化合物才能够正常工作！尽量保证每天能够吃 5 份蔬菜和水果。

成功自测
- ☑ 碳水化合物在体内如何发挥作用？
- ☑ 列出每餐饭：早饭、午饭和晚饭你可以吃到的两种碳水化合物。

脂肪

与碳水化合物一样，近几年脂肪也因为被认为不健康而名声不佳。人们将脂肪从饮食中剔除，因为他们认为摄入脂肪会使他们变胖。任何多余的脂肪、蛋白质或碳水化合物最终都会转化为脂肪组织被人体储存；脂肪只是其中最容易被储存的一个而已。蛋白质和碳水化合物一定要经过几个步骤和过程才能够被人体储存。储存起来的脂肪就是储存的能量（1克脂肪内含有约32231焦耳的热量），但除此之外，脂肪还承担着许多其他的功能。它可以帮助其他营养物各司其职。如果不摄入脂肪，你的身体就无法吸收或运输脂溶性的维生素 A、维生素 D、维生素 E 和维生素 K。想要拥有健康的秀发和皮肤吗？那么你必须食用脂肪。脂肪负责大脑发育、维持健康的神经功能、控制炎症和止血。激素分泌也同样离不开它。

膳食脂肪分为饱和脂肪、不饱和脂肪和反式脂肪三种。在常温状态下，饱和脂肪呈固态，会造成低密度（坏）胆固醇水平升高。此外，过度的饱和脂肪也会增加患心脏病的风险。不饱和脂肪在常温条件下呈液态，并且相对来说更加健康——它会降低患心脏病的风险，有助于控制情绪和抗疲劳。不饱和脂肪又被分为两类：多元不饱和脂肪和单一不饱和脂肪。欧米伽－3脂肪是一种特殊的多元不饱和脂肪，研究表明它有助于预防记忆衰退和阿尔茨海默症，强化孕期保健，减轻甚至预防抑郁症。它也可以缓解关节疼痛和关节炎。另外，这种特殊的脂肪不仅可以降低患心脏病的风险，同时也能够减小中风和癌症的可能性。

反式脂肪是植物油脂在"氢化"加工过程中的产物，它可以延长食物的保质期。含有氢化油或者部分氢化油的食物不仅会提高低密度胆固醇（坏胆固醇）的水平，并且会降低高密度胆固醇（好胆固醇）的水平。美国农业部2013年宣布了一项提案，禁止在食物中使用氢化油，因为研究表明在食物中使用反式脂肪无法保证其安全性。这一提案不仅影响了快餐产业的食物加工方式，就连爆米花、冷冻比萨、甜点、烘焙配料、饼干和人造奶油（这还只是其中的部分例子而已）都被波及。

饱和脂肪存在于动物肉（牛肉、猪肉）以及全脂乳制品（乳酪、黄油、全脂奶、奶油）中。不饱和脂肪则存在于鱼肉和大多数植物油（橄榄油、玉米油、菜籽油、葵花油、红花油）中。你也可以在牛油果、坚果、种子（葵花籽、芝麻、南瓜籽、亚麻籽）、多脂肪的鱼类（三文鱼、金枪鱼、鲑鱼、沙丁鱼）、豆浆和豆腐中发现好脂肪。反式脂肪主要存在于加工食品（薄脆饼干、炸土豆条等包装食品）以及成品烘烤食品（饼干、甜甜圈、蛋糕、油酥糕点、煎炸食品、糖果和人造奶油）中。

根据美国农业部发布的数据，成年人每天摄入热量的10% ~ 25% 应当来自于脂肪，这相当于每天需要摄入 30~40 克脂肪。然而，你食用的脂肪应当是好脂肪。以下就是用饱和脂肪代替不饱和脂肪的几种方法。

- 用烘烤代替油炸。
- 选择低脂的乳酪和牛奶。
- 去掉鸡皮。
- 避免食用外面裹着面包屑的蔬菜或肉类。
- 选择瘦牛肉。

- 少吃红肉，多吃白肉和鱼肉。
- 每天都要食用含有欧米伽-3脂肪的食物：鱼肉、核桃、亚麻籽、菜籽油。
- 用橄榄油烹煮食物。
- 用坚果当零食。
- 将反式脂肪酸从日常饮食中剔除。

成功自测

- ☑ 脂肪在体内如何起作用？
- ☑ 区分饱和脂肪和不饱和脂肪。
- ☑ 欧米伽-3脂肪的三大来源是什么？
- ☑ 列出每餐饭：早饭、午饭和晚饭你可以吃到的两种含脂肪的食物。

水

水是生命之源，它存在于你体内的每一个细胞中。你的身体中60%都是水：体脂中含有10%的水，大脑中有80%都是水，肌肉中的水含量为75%，骨骼中的水含量为22%，血液中的水含量为70%。人体内的每一个组织和器官中都含有水。

你的身体需要水来维持体温，并且需要利用水借助流汗、排尿和排便的方式来排出废物。水能够对关节起到缓冲和润滑作用，并且可以保护脊髓。它将营养物输送到细胞中，并帮助你消化食物。某些激素的吸收离不开水，并且它还可以赋予肌肉收缩和扩张的本能。要保持良好的皮肤状态，水至关重要——它可以有效预防由于过度减肥造成的皮肤下垂，并且还可以柔化肌肤，减少皱纹。

尽管人体所需的80%的水都来自你喝的饮品中，但是剩下的20%还要通过你食用的食物获得。淡水是短期内最佳的补水方式。但是如果你是一名耐力运动员，连续运动几个小时并且大量流汗的话，那么你需要的就不仅是水了，因为此时你的身体还流失了不少电解质（钙、钠、镁和钾离子），而它们在肌肉和神经的调节方面发挥着重要作用。如果你不喜欢含糖的运动型饮料，你可以用更加健康的方式代替，即喝水配香蕉、葡萄干、干无花果或者巧克力牛奶。你也可以在运动饮料中加入50%的水进行稀释。

不管运动饮料的广告中说什么，如果你的运动时间不足1小时，那么你就不需要像耐力运动员一样喝含电解质的饮料。运动型饮料可能补充你刚刚才消耗掉的热量，并且可能会将多余的热量转化为脂肪。那么含有人工增甜剂的零热量饮料怎么样呢？我们在下个步骤中会讨论关于人工增甜剂的真相。

你可能听说过或者看到过我们每天应该喝8杯水。但是，这个说法并不完全正确。人体所需的水的多少取决于几个因素，其中就包括你的年龄、活动量以及环境。为了保持体内水分，你需要饮用足够多的水来补充流失的水分。除了呼吸、流汗、排尿、排便等日常活动，你在湿热的环境中也会流失大量水分；当你发烧、呕吐、腹泻或者努力工作、卖力运动时同样会造成水分的流失。你需要饮用足量的水来确保自己的小便呈淡黄色或者无色——这是判断自己是否饮用了足够量的水最简单的办法。如果你等到自己口渴时才去喝水的话，那么你的身体就已经处于脱水状态了。

当锻炼或者参加运动时，你需要事先喝 8 盎司（约 240 毫升）的水，运动期间每隔 15 分钟就补充 4 盎司（约 120 毫升）的水，并在运动结束后喝 16 盎司（约480 毫升）的水。你所需要的水的多少取决于当时所处的环境。如果天气闷热潮湿或者你大量流汗的话，那么你就会需要更多的水。为什么我们不建议运动型饮料呢？原因有二：首先，当水进入嘴巴的一瞬间，你的身体就开始吸收水，而其他的饮料要进入到体内才能消化；其次，许多饮料热量过大，会严重破坏你的日常饮食习惯。

千万记住远离含咖啡因的饮料——它们会造成身体脱水而不是补水。如果你目前存在摄入水量不足的问题，以下就是帮助你增加水摄入量的几个方法。

- 随身携带水瓶。
- 外出吃饭时，用白水代替苏打、茶或果汁等饮料。
- 每餐饭前都要喝水。
- 在水中加柠檬、青檬或者几片黄瓜。
- 用不含咖啡因的药草茶或咖啡代替含咖啡因的咖啡。

成功自测

- ☑ 水在人体中有何作用？
- ☑ 你需要多少水？
- ☑ 列出两个增加水的日常摄入量的方法。

维生素和矿物质

我们的身体需要 13 种维生素才能维持生命，并且这些有机化合物对于新陈代谢和身体健康都至关重要。如果你的日常饮食中缺乏维生素，就有可能导致营养不良。

维生素

维生素分为水溶性和脂溶性两种。水溶性维生素无法在体内长时间停留，所以它们需要每天进行替换。维生素 C 和所有的维生素 B（又被称作"维生素 B 复合物"）都是水溶性的，而且很多时候在准备或者储存食物的过程中，这些维生素会被破坏或被水冲走。务必确保将新鲜的食物进行冷藏处理，牛奶和谷物则放在避光的地方。做汤时要使用烹煮蔬菜的水，因为这些水中含有大量在烹煮过程中流失的维生素。

维生素 B 复合物（硫胺素、核黄素、烟酸、维生素 B_6、叶酸、维生素 B_{12}、生物素和泛酸）不仅可以帮助身体从食物中获得能量，并且与视力、胃口、健康的肌肤、血红细胞以及神经系统都密切相关。脂溶性维生素包括维生素 A、维生素 D、维生素 E 和维生素 K。它们可以在肝脏和脂肪组织中存储数日甚至数月的时间。人体对于维生素的需求量很小，并且不是每天都需要，这就意味着维生素过量会导致身体中毒，甚至引发健康问题。在血液将它们输送到全身之前，它们就已经被脂肪溶解。脂溶性维生素有以下功能。

- 骨骼生长和牙齿发育。
- 保持黏膜湿润（嘴巴、鼻子、肺部和喉咙）。
- 是预防某些癌症的抗氧化物。
- 调节免疫系统。
- 吸收钙。
- 血液正常凝固。

矿物质

由各种不同种类的食物组成的均衡的饮食是满足人体所需的一切维生素和矿物质的最佳方式。新鲜的水果和蔬菜、全谷物、低脂乳制品、家禽肉、鱼肉以及瘦红肉中不仅含有人体所需的矿物质和维生素，同时也有大量的蛋白质、矿物质和脂肪。除非你正在孕期、年过五旬或者由于身体状况造成的对某些营养物质吸收状况欠佳，比如食物过敏或者肠道易激综合征，抑或你的饮食的热量过低，否则不推荐服用维生素添加剂。并且在服用之前你应当咨询一下注册营养师，他可以帮助你做出最好的选择。

食用分量

挑选正确的食物很重要，但是如何选择合适的分量同样重要。凭眼睛估计食物的分量可以帮助你食用满足身体需要的食物量。

根据美国农业部发布的数据，成年人每天需要消耗 2 ~ 3 份蛋白质，并且这种蛋白质应当是瘦肉或者低脂肪肉类、家禽肉以及富含欧米伽-3脂肪酸的海产品。其中包括每周至少吃两次鱼，比如三文鱼、沙丁鱼和鲑鱼。限制加工蛋白质的摄入量，比如包装的熟肉制品、热狗、香肠和火腿，因为它们中的钠含量很高。

你每天需要吃 6 ~ 11 份碳水化合物；至少 3 ~ 6 盎司的谷物，并且其中一半需要是全谷物；2 ~ 3 份蔬菜以及 2 ~ 3 份水果。查找一下农业部推荐的几种全谷物种类，确保自己吃到的是百分之百的全谷类。脂肪的摄入也同样重要，推荐每天食用2~3份含脂肪的食物，并且它们应当是橄榄油、核桃和种子等不饱和脂肪。

当然，你可以测量每一盎司或每一口食物，但是将食物的数量视觉化并与自己的手掌比较是最简单的一种方式。以下就是往盘子里装食物时你能够估计的每一份食物的大小（见图9.1）。

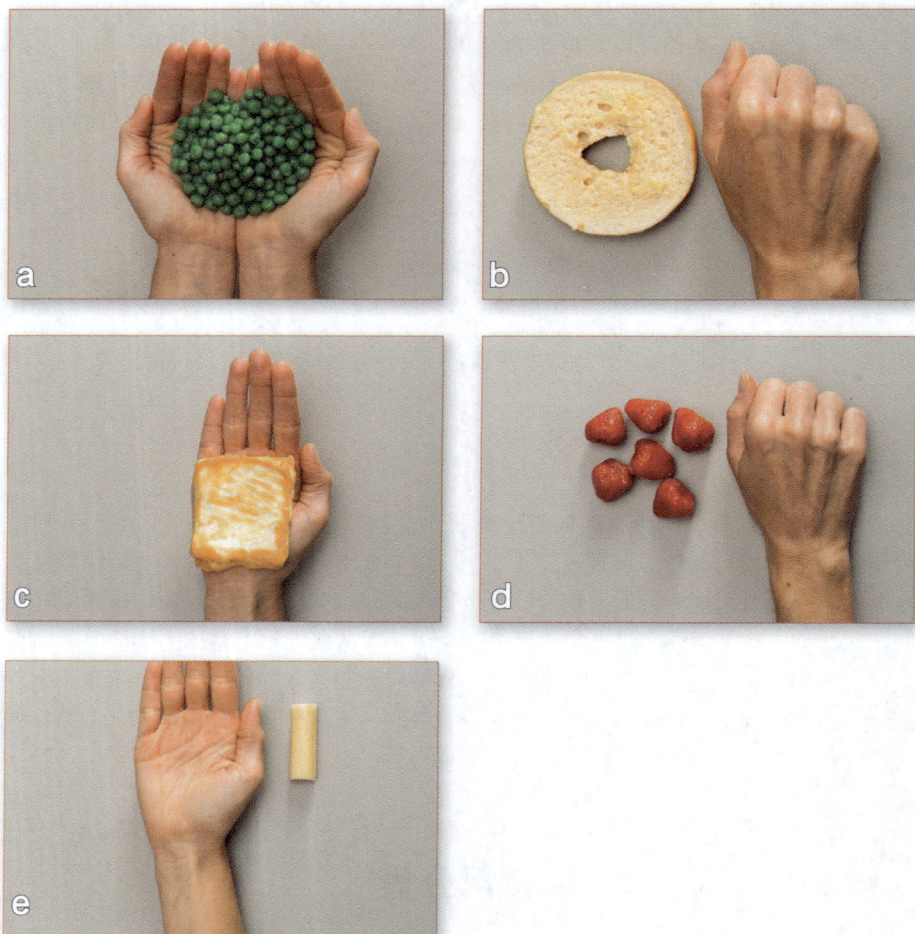

图 9.1　一份蔬菜就是两个手掌大小（图 a）；一份谷物大约是拳头大小（图 b）；一份肉类大约是一只手掌大小（图 c）；一份水果大约是拳头大小（图 d）；一份乳制品与你的大拇指长度相当（图 e）

除了以手掌为基准外，农业部还推出了名为"我的餐盘"的饮食指南（见图9.2），它不仅能够帮助你弄清食物的分量，而且也有助于你挑选食物，保持身体健康。这是一个不错的食物追踪系统，可以帮助你保持健康的饮食。

成功自测

☑ 列出至少一份每餐饭：早饭、午饭和晚饭你可以吃到的蛋白质、碳水化合物和脂肪。

☑ 用自己的手掌展示一下蛋白质、水果、谷物、蔬菜和乳制品的分量。

图 9.2　**我的餐盘**

来源：USDA Center for Nutrition Policy and Promotion.

食物标签

杂货店里的罐头上可能会写着"水浸金枪鱼"。然而，配料一栏中则会写着：金枪鱼、水、大豆、胡萝卜和芹菜！1990年，"营养标识和健康教育法案"通过，农业部和食品药品管理局负责决定食品信息的披露。每一种食物和饮料产品都必须包含以下信息。

- 营养成分包括每份中所含的蛋白质、脂肪（饱和脂肪、不饱和脂肪和反式脂肪）、碳水化合物（糖和纤维）、维生素和矿物质的数量。
- 配料按照降序顺序排列。
- 食用分量是一份食物的量。
- 产品名称。
- 制造商名称和地址。
- 重量、尺寸以及产品总数。

如果你看不懂产品的标签，那么想要确定某种食品对你来说是否健康就会变得更加困难。很多时候，食品包装提供的正面信息存在失真性，因为它们与包装后部的营养成分标签并不相符，会误导消费者。你会看到标签中带有"不含脂肪""不添加糖""纯天然""低盐""增强免疫系统"等字样，吸引着你去购买这些食物，但是这些标签的真正含义却语焉不详。我们将仔细查看一下部分标签的真正含义（每一份），这样当你推着购物车在市场中穿行时就能够对食物有更好的了解。

具体信息请参看第 202 页图 9.3 所示的食品标签样本。

不含脂肪、不含糖、零热量

这可能是最具误导性的标签了，因为许多人会认为，如果一种食物不含脂肪、不含糖的话，它就是健康食品。如果一种食物贴上这样的标签，就意味着每份中脂肪和糖的含量低于 0.5 克，而零热量就是每份中的热量低于 21 焦耳。了解这一点很有必要，因为如果一种食物不含脂肪的话，那么糖和热量可能会非常高。如果它宣称不含糖，那么含有的脂肪和热量就可能非常可观。看一下每份中的总热量，再决定这种食物对你的饮食计划是否有利。

低脂、低糖、低热量

这样的产品标签就意味着每份中的脂肪含量不超过 3 克，饱和脂肪不超过 1 克。既然被认为是低热量，那么这种食物每份中所含热量不会超过 167 焦耳。这就是制造商的正面标签具有失真性的地方，因为正面标签可能会宣称"不含反式脂肪"，但是实际上营养列表中的饱和、不饱和脂肪的含量可能会非常高，并且按照规定它可能还含有不超过 0.5 克的反式脂肪。如果你大量食用"不含反式脂肪"的食物，那么它们很可能会在你的体内累积。

纯天然

不必惊讶，这种标签并没有真实的定义，制造商可以随意决定它所代表的真正含义！根据农业部的说法，只要这种产品中不含有人工香料，无色素添加，也没有任何人工合成物质，它就可以被称为"纯天然产品"。酸奶、燕麦棒、非乳脂奶酪、蜂蜜等你认为健康的食物可能并非纯天然制品。酸奶中的紫色和味道可能并不是来自蓝莓！你刚买回家的百分之百天然蜂蜜从严格意义上讲并不是蜂蜜，因为它经过了许多道工序的加工，已经将花粉完全除去了。从当地蜂农那里或者从农贸市场上购买的蜂蜜才算得上真正纯天然的。

那么，被健身狂热分子们当作零食或锻炼后的食物的燕麦棒又如何呢？绝大多数燕麦棒（有时又被称作"能量棒"或者"蛋白质棒"）中都含有一种由木纤维或棉纤维（被称作"纤维素"）制成的原料，以增加其中的纤维含量。它们中也含有经过加工的甜味剂。它们对你来说可能根本谈不上健康！不要只读营养标签，还要记得仔细看看配料。

有机

贴上有机标签的食品与百分之百的纯天然食品并不一样。如果某种食物贴上了有机标签，那么它就一定要符合农业部特定的准则，即动物制品中不准含有抗生素或者生长激素，植物在生长过程中不能使用农药或化学肥料。你会注意到有机水平在 70% ~ 100% 不等，这要取决于它们的培育方式。

新鲜

这个标签意味着食物不仅应该是未经加工或者是生的，而且意味着它从未经过加热或冷冻。尽管听上去这可能是很好的食物来源，但是它并不等同于这种食物刚刚被采摘下来。你永远不知道它已经被储存了多长时间，或者它在货架上待了多久。而这可能会导致食物表面的细菌增加，所以在准备食材或直接食用之前一定要把这些新鲜食物清洗干净。

你可以借助营养标签来帮助自己挑选对身体有益的食物。不要只是简单地看一下食物中总的碳水化合物含量；相反，应该选择那些高纤维、低糖的食物。看一下食物中含有的是哪一种脂肪（饱和脂肪、不饱和脂肪还是反式脂肪）。

观察一下配料表，看看糖或者脂肪是否是列举的前四种主要配料。如果答案是肯定的话，那么这种食物可能并非最好的选择。另外也要关注一下糖醇，这种物质不是糖也不是酒精，而是一种可以为食物增加甜味的化学物质，可能会诱发肠道问题。它们通常会以山梨糖醇和甘露醇等形式出现。

成功自测
- ☑ 说出三种食品标签能够帮助你挑选健康食品的方式。
- ☑ 购买食品时我们应当避免哪种类型的脂肪？

新陈代谢

新陈代谢是指身体消耗热量的速度。代谢速率受几个因素的影响：性别、体型、年龄、活动量、环境、肌肉体积、遗传以及食物的热效应。首先你应该清楚基础代谢率是指维持生命所需的热量——呼吸、血液流动以及体温。女性平均每天需要大约 5023 焦耳的热量，男性则需要大约 6279 焦耳的热量。

静息代谢率要比基础代谢率高大约 10%，它不仅包括呼吸、血液流动以及体温，还包括日常活动所消耗的能量以及食物的热效应。

男性的新陈代谢率普遍高于女性，因为他们的肌肉体积更大。这也就是为什么男性的减肥速度要比女性更快。新陈代谢的速度会随着年龄的增大而逐渐放缓，但是你可以通过增加活动量，同时减少热量的摄入进行调整，避免体重增加。请记住肌肉是一种非常活跃的组织，所以你的肌肉体积变得越大，你的新陈代谢速度就会越快。肌肉可以做到每周 7 天、每天 24 小时不间断地加快热量消耗速度！

查看每份含量以及份数

- 营养信息表上所给出的信息指的是一份中所含有的量，但是许多食品包装中所含有的不止一份。看一下食物分量以及自己真正所消耗的食物份数。如果你食用的份数翻一番，那么热量和营养物质也同样需要翻倍，每日营养摄入量的百分比同样如此。
- 当你将不同品牌的热量和营养物质进行比较时，记得要查看一下食用分量是否相同。

计算热量，关注数量

- 在这里你会看到每份食物中所含的热量，以及每份中来自于脂肪的热量。
- 零脂肪并不意味着零热量。低脂肪类食品中所含的热量可能跟全脂肪类一样高。
- 如果标签中标明一份等于 3 块饼干以及约 419 焦耳的热量的话，那么你吃 6 块饼干就相当于吃了两份，热量和脂肪的数量也要相应地乘以 2。

寻找富含下列营养物质的食物

- 使用食品标签不仅是为了限制脂肪和钠的摄入量，同时也是为了增加促进身体健康、远离疾病的营养物质的消耗。
- 部分美国人的维生素 A 和维生素 C、钾、钙和铁的摄入量不足，所以要选择那些每日营养摄入量百分比较高的产品。
- 选择营养时要兼顾热量——将摄入的热量与营养进行比较，以便做出更加健康的食品选择。

营养成分表

食用分量 1 杯（228 克）
每罐中含有 2 杯

每份含量

热量 250	来自于脂肪的热量 110

% 每日营养摄入量 *

总脂肪量 12 克	18%
饱和脂肪 3 克	15%
反式脂肪 3 克	
胆固醇 30 毫克	10%
钠 470 毫克	20%
钾 700 毫克	20%
总碳水化合物含量 31 克	10%
食用纤维 0 克	0%
糖 5 克	
蛋白质 5 克	

维生素 A	4%
维生素 C	2%
钙	20%
铁	4%

* 每日营养摄入量基于 2000 份热量饮食得出。由于每个人对于热量的需求不同，你的每日营养摄入量可能会稍高或稍低。

	热量	2000	2500
脂肪总量	少于	65 克	80 克
饱和脂肪	少于	20 克	25 克
胆固醇	少于	300 毫克	300 毫克
钠	少于	2400 毫克	2400 毫克
总碳水化合物含量		300 克	375 克
食用纤维		25 克	30 克

获取健康的碳水化合物

- 纤维和糖都属于碳水化合物。来自水果、蔬菜、豆子以及全谷物等健康来源的碳水化合物可以降低患心脏病的风险，并且可以改善身体的消化功能。
- 全谷物食品不能够单凭颜色或者名词，比如杂粮或者全麦面包来确定。要寻找营养列表中最先列举的"全"谷物，比如全麦、糙米或者全燕麦。
- 每日营养摄入量百分比中没有糖，但是你可以比较一下不同产品的糖含量。
- 要少吃添加糖的食品（蔗糖、葡萄糖、果糖、玉米糖或者枫糖），它们除了增加热量外并不含有维生素、矿物质等营养物质。确保在自己挑选食品的成分表中添加糖不属于前几位。

关于蛋白质，选择脂肪含量低的食物

- 绝大多数美国人的蛋白质摄入量极大，但是这些蛋白质的来源却不够健康。
- 如果你是基于蛋白质含量来挑选某种食物，比如肉类、家禽肉、干豆子、牛奶或乳制品的话，那就选择瘦肉、脂肪含量低或者零脂肪食品。

了解自己所选择的脂肪，为了健康原因减少钠的摄入量

- 为了降低患心脏病的风险，利用标签来选择饱和脂肪、反式脂肪以及胆固醇含量都较低的食品。
- 反式脂肪并不在每日营养摄入量百分比表中，但是它的摄入量还是越低越好，因为它会增加你患心脏病的风险。
- 每日营养摄入量百分比中的总脂肪量包括了所有种类的脂肪。
- 为了降低血胆固醇，要用单一不饱和脂肪以及鱼肉、坚果、液态植物油中的多不饱和脂肪来代替饱和脂肪和反式脂肪。
- 限制钠的摄入量，降低患高血压的风险。

每日营养摄入量百分比是均衡饮食的关键

每日营养摄入量百分比是一个总纲，可以帮助你将每份食物中的营养物质与它们在日常饮食中的百分比联系到一起。它可以帮助你确定某种食物营养含量高还是低——5% 或者更少就是偏低，20% 或者更多就是高。你可以利用每日营养摄入量百分比来确保日常饮食的均衡。*提醒你每日营养摄入量百分比基于 2000 份热量饮食得出，你实际需要的可能比这个数字大或者小，但是它仍然非常具有参考价值。

图 9.3　**如何解读食品标签**

　　既然你努力想要变得健康，那就一定要确保自己摄入足够多的热量。吃得过少或者疯狂节食都会使身体的新陈代谢速度放缓，并且身体很容易将原本应该消耗掉的热量储存起来。并且，如果你所处的环境非常炎热或者极度寒冷，那么你的新陈代谢率就会加快；而且遗传因素也会导致其速率较快。最后，食物的热效应也可以加快新陈代谢。是的，吃可以帮助你消耗热量！食物的热效应是用于消化、吸收和输送食物中营养物质所需的能量。每次当你进食时，你的身体就会打开一个开关，并且一直持续到你进食过后的 2 ~ 3 小时。如果你选择少食多餐，每天吃 5 ~ 6 次的话（早餐、零食、午餐、零食、晚餐），那么与不吃早餐，每天只吃 2 ~ 3 次相比，食物的热效应就会持续更长时间。另外，每天进食 5 ~ 6 次，也就是在清醒的时间内每隔 2.5 ～ 3 小时就进食一次，可以使血糖和食欲激素保持稳定。

成功自测
- ☑ 如何加快自己的新陈代谢速度？
- ☑ 为什么说每天吃 5 ～ 6 次小餐要比吃 2 ～ 3 顿大餐更有益健康？

营养补充剂

你在健康食品店中穿梭着，观察那些承诺能够增长肌肉、减脂减肥的瓶瓶罐罐。营养补充剂是现在的热门话题，仅草药补充剂一项，制造商们每年就可以狂收 50 亿美元！

补充剂是指添入饮食中，能够补充或强化其他物质的补给物。食品和药品管理局并不会对营养补充剂进行管理或分析，因为它们既不属于食品也不属于药品。这样的职责就落到了制造商头上，由他们来确保食品的安全。营养补充剂在药房、杂货店或者健康食品店上架出售之前，并不需要经过任何的测试来确保其安全性。你会发现它们上面的标签与食品的营养标签相差无几，但是显示的却是补充剂的营养成分。你也会发现，当制造商在标签上宣称其产品具有某种特定的功效时，他们也要按照法律规定加上一个免责声明，注明这种说法没有得到食品和药品管理局的批准。只有当消费者进行投诉时，食品和药品管理局才会采取行动，对相关的营养补充剂进行调查和测试，例如，麻黄补充剂最终被禁止销售，因为它对人体具有一定的危害性。

营养补充剂并不一定含有标签中所标注的所有成分，并且它们也可能会包含一些配料中没有列出来的添加剂。几项研究都已经揭露了一些生产商令人担忧的行为，比如配料表中并未提及用在产品中的一些有毒成分，或者产品中并不含有它所列举的一些配料。许多草药补充剂的铅、汞、砷和杀虫剂的检测结果都呈阳性，而这些都是剧毒物质。

蛋白质粉是一种广受欢迎的营养补充剂，它形式多样，有乳清蛋白、大豆蛋白和酪蛋白等。而这些补充剂的价格也各不相同。有时候那些价格低廉的虽然看起来比较划算，但是它们并不含有人体自身无法合成的重要氨基酸。尽管大部分人通过饮食就可以获得足够多的蛋白质（要锻炼出结实的肌肉，每天只需额外增加 10 ～ 14 克蛋白质即可），但是在一些特殊情况下你还是需要额外补充一些蛋白质。一定要先咨询你的医生或者注册营养师。以下就是需要额外补充蛋白质的特殊人群和特殊情况。

- 正在成长发育的青少年。
- 刚开始进行重量训练。
- 较长时间的锻炼（从 30 分钟的锻炼到三项全能运动训练）。

- 损伤恢复。
- 素食主义者。

当你的身体无法从饮食中获得足够多的营养物质时，营养补充剂就可以填补空缺。举个例子，绝经后的妇女服用钙和维生素 D 补充剂后，骨密度会增加。话虽如此，但是通过真正的食物来获得身体所需的营养物质才是维持最佳健康状态的最好方式。在选择身体所需的营养物质以及确定补充剂的安全性时，对产品进行深入研究，咨询医生，寻求注册营养师（RD）的帮助是最佳途径，尤其是当你正在服用药品时更应如此。另外，你也需要找找产品的包装上是否有 USP 验证标签，因为它意味着生产商已经对其进行过了安全测试。

成功自测

- ☑ 你怎样确定某种营养补充剂是否安全？
- ☑ 说出你需要在饮食中添加营养补充剂的三个例子。

营养小结

请记住，食物是身体的燃料，它就如同是汽车中的汽油一般重要。从旅程一开始（早餐），你就需要在汽车（身体）中添加燃料，并且中途还需要偶尔停下来补给燃料（午餐、晚餐和零食）。当你到达目的地时（一天结束），你把车停到车库里，不需要再添加任何额外的燃料。看一下自己现在的饮食，找出需要改进的地方，以便做出更好的选择，增加特定营养物质的摄入，或者少食用不健康食品。另外，不要忘记登录农业部免费网站，学习营养知识，追踪健康信息。

在迈出下一步之前

1. 你是否知道自己的身体每天需要多少份的蛋白质、碳水化合物和脂肪吗？
2. 你是否能用手来比划出食用分量的大小？
3. 你是否能够列出几种增加水摄入量的方法？
4. 你是否知道怎么解读食品标签？
5. 你是否了解锻炼前后自己的身体都需要哪些营养物质？
6. 你是否已经确定了自己为每餐饭或者零食所选择的食物？

复萌的风险。

- 你每天走 30 分钟，一周做 2 次重量训练。
- 你不仅要食用各种各样的健康食品，并且饮食一定要适量。
- 你的脂肪减少，瘦肌肉增加；你的腰围在逐渐变小。

如果你处于行动阶段，那么你应当为自己每一次成功的行为转变以及为了实现这一转变所采取的步骤对自己表示祝贺。你的脑海中一定充满了特定的激励话语。你可能有一个让你为自己的行为负责，或者他对你的行为负责的锻炼伙伴，你不管是坚持锻炼还是保持健康饮食都是为了外部的奖励。

维持阶段

如果你正处于维持阶段，那么说明你已经通过了 6 个月长的健康饮食和锻炼阶段！你有动力继续延续这一行为，并且正在竭力避开故态复萌的诱惑。你会预见到自己的健康之旅中即将面临的障碍（休假、假期、疾病、家庭紧急情况），并且已经有计划来改善这一状况。如果你的某一行为出错，你就会意识到自己并不完美，就会立即回到自己的健身养生锻炼中——不要再让自己有任何的内疚感。

- 你的日常锻炼已经像刷牙一样成了你生活方式的一部分。
- 你渴望挑战自己的肌肉，并让它们保持强壮。
- 你午餐更愿意吃精瘦蛋白质和绿色蔬菜，而不是汉堡和炸薯条。
- 你坚持锻炼、吃健康食品是为了获得内在奖励——身体的感觉。

在这一阶段你已经开发出了拒绝诱惑、奖励自己所取得成就的策略。这些奖励是内在的——它们来自身体内部。锻炼后你知道自己的感觉有多棒，并且会有一种成就感。你对自己的健身训练以及健康饮食拥有绝对的控制权。

虽然你可能能够确定自己现在所处的阶段，但是你很可能会在不同的阶段进进出出，这要取决于生活中所发生的意外事件。举个例子，你本来正处于行动阶段，2 个月来一直坚持定期锻炼，之后突然遭遇急性或慢性损伤，如外胫炎等。或者刚换的新工作要求你一直加班或者整日出差，在路上你又重新开始吃快餐了。分辨不同的阶段并且知道自己所处的位置，对于如何分辨自己的行为至关重要。

成功自测

- ☑ 说出变化的五个阶段。
- ☑ 弄清楚自己目前所处的阶段。
- ☑ 描述一下你目前所处的阶段。

改变行为的步骤

改变行为的第一个步骤就是弄清楚自己想要加以转变的行为。与所有的旅程一样，在出发前你一定要弄清楚自己在朝哪个地方前进。举个例子，如果你意识到自己正处于未考虑阶段，并且自己想要进入意向阶段，那么你可能会想借助一些图片和教育材料来提升自己对于自己不健康行为的认识。

如果你想要改变自己的吸烟行为，一个方法就是用健康的肺部图片与经常吸烟的肺部图片放在一起进行对比。这可能会让你准备好进入意向阶段。或者你已经处于准备阶段，每年都在健身房续约，但是根本没去锻炼过！也许你本来已经在行动阶段定期进行锻炼了，但是你的日程表由于疾病、工作或者假期的原因被迫进行调整，你会完全停止进行任何的常规健身运动。

下一个阶段就是尽可能地学习关于你所期待的新行为的一切信息。与所有的旅程一样，你需要了解自己的目的地。举个例子，如果你想要吃得更健康，那么你就需要了解身体所需的各式各样的食物。如果你打算减肥，了解什么是食物分量以及减肥所需要进行的运动。如果你想要减少体脂或者变得更加强壮，那你就有必要了解什么类型的运动才会达到这样的效果。这一步骤也会涉及衡量行为转换的利弊得失。找时间运动可能需要你提前1小时起床，或者健康饮食需要你学会烹煮更加健康的饭菜。

最后，你已经准备好为行为转变设计一个方案。与所有的旅程一样，这可能是你通往成功的地图。计划每周进行锻炼的日期和次数。这项运动有可能是在全天都可进行的阶段性短期运动，或者包括早起。列出一个购物清单，准备接下来一周的健康食物。通过记录自己的运动信息，每4～6周进行一次健康和体适能评估的方式来定期监控自己的进步。像记日记一样记录下自己每天吃的食物种类、进食的时间以及身体的感觉。在旅途中要学会运用各种策略来帮助自己。

成功自测
- ☑ 说出改变行为的三个步骤。
- ☑ 至少列举你每个阶段能够做的两件事情。

改变行为的策略

在开启健身之旅之前，发展策略十分重要。策略就是指你如何改变自己的行为、实现健身目标的方式。注意不要跟行为混为一谈，行为主要是人物、事件和时间，策略则要考虑到你目前所面临的障碍以及可利用的资源。你怎样才能坚持定期运动而不是偶尔的心血来潮？在节日活动中你将怎样选择健康食品？以下就是帮助你改变行为、实现健身目标的几个途径。

一次只改变一种行为

你的不健康行为不是一夜之间养成的，而培养一种新行为则需要花一些时间。在开始一种新行为或者停止一种旧行为时，你不需要动用自己的意志力就可以用健康行为代替原来的不健康行为。想要迅速地取得令人瞩目的成就可能会让你遭遇失败，让你出现失误，最终导致故态复萌。所以一次只关注一件事情。

获得支持

将自己改变行为的打算告诉给自己的家人或朋友。或者如果你觉得自己在开始健身或开始健康饮食计划之初需要得到一些帮助，那就不妨向私人教练、后援团或者注册营养师寻求帮助。你可能需要每周与他们碰面或者只是定期见几次面，以便确保自己不偏离轨道并且能够取得进步。

制订一个实事求是且具体详尽的计划

如果你想要开始每周 7 天、每天 60 分钟的锻炼，但是却没时间，那么你注定会遭遇失败。现实一点，每周选择 3 天进行锻炼，将锻炼日期和次数写到记事本上，这样更加实事求是。每周 3 天、每次锻炼 30 分钟而不是每周 7 天、每次 1 小时，这样的锻炼计划更具有可行性。或者你也可能挤出 10 分钟时间散步。请记住，只要你的时间允许，你可以随时延长锻炼时间或增加锻炼天数。取得的成效要超过原先的计划，这样你就会受到鼓舞，而不是因为错过锻炼时间而自责不已。

从不起眼的短期目标开始

尽管你有着宏大长远的目标，但是它们仍然需要被分解成更小的且更现实的步骤。你的长期目标可能是减掉 25 磅体重，但是将这个大目标进行分解会让你获得更大的成就感以及不断前行的动力。每周减掉 1 磅是可实现的一小步，它可以帮助你在 25 周后实现自己的目标。如果你的目标是吃得更健康，那么你可以先从每周吃 3 ~ 4 次水果或酸奶作为甜点开始。

借助相互负责制

找一个可以跟你一起去健身房或是对健康饮食有着相似追求的人。当你想偷懒懈怠时，找一个需要你负责任的人可以帮助你坚持下去，反之亦然。你的伙伴应当是与你有着相似的经历，这样可以让你保持动力，专注于改变自己的行为。

设置提示

设置每日提醒或者提示会帮助你专注于改变自己的行为。在前一天晚上整理好运动时带的包，或者把跑鞋放到车里。将自己的健身计划表贴在冰箱上。像记录医生预约一样把自己的锻炼时间记在记事本上，并且身上永远都携带着健康的零食。

使用奖励

认可自己的成就非常重要！只要做成了某件事情，就奖励自己看场电影或者做一次水疗，但是不要去碰任何不健康食品。如果你的目标是减肥，那么就在减掉头5磅时庆祝一下；如果你参加了5千米长跑比赛并且通过了终点线，你就用点特别的东西奖励一下自己。把自己取得的成就通过发帖、推特或者写博客的方式发在自己的社交网络上。

不要让自己产生倦怠感

当谈到锻炼和健康饮食的话题时，很容易千篇一律、一成不变。考虑改变一下自己常走的路线，或者用走路、骑自行车、游泳等项目让自己的锻炼活动变得多姿多彩。这是一个尝试新事物的时机：上瑜伽课或者报名参加武术课，如果你一直在进行同样的力量常规训练，不妨在其中穿插1～2周的重量训练。尝试新的食谱或者以前没有吃过的食物也是不错的选择。

使用刺激控制

如果你发现了某些会触发不健康行为的触发器（或者说是刺激物），那么当某种不健康行为被触发时，记录下发生的时间、地点和你的感受，并做出另外一种选择。举个例子，如果你带着快餐开车回家，在路上抵制不住炸薯条和奶昔的诱惑，那就不妨采取另外一种方法——眼不见心不烦！如果某些人的不健康行为会对你产生不好的影响，那么在你能够很好地控制自己的行为之前就不要再跟他们一起出去了。如果你每周五晚上都会去吃鸡翅的话，那在出门之前先吃点东西。忍受不了甜点的诱惑？那就不要把它们带到家里。假如你需要开车去商店才能买到心心念念的糖果的话，那么你可能会觉得这样做太麻烦了。

监督自己的行为

要记录下自己所进行的运动类型。你是否在椭圆机上进行了30分钟的锻炼？或者是做了3组针对背部和胸部的锻炼？你的体重减轻了多少，动作重复做了几遍？你今天是不是吃了5份水果和蔬菜？记录下一天内消耗的热量。研究表明，那些一直监察自己锻炼情况的人群要比那些放任自流的群体体重减轻得更快，健身水平也得到了更快的提高。记录自己饮食状况的人群更倾向于选择健康食品以及正确的食物分量。随着现代科技的发展，智能手机应用和交互式网站使得信息健康变得更加方便、快捷。

学会保持乐观

保持乐观不仅能够让大脑提升工作效率，同时也可以减轻压力。很多时候，吸烟、巧克力上瘾等不健康的行为是人们劳累、饥饿或者空虚时的一种心理机制。你可以利用它来处理自己的压力和焦虑，最终导致产生更大的焦虑和负罪感。

为了让自己变得更加积极，写下在刚过去的 24 小时内发生在自己身上的一件好事并再次回顾体验。借着路上堵车或者等红灯的机会，仔细考虑一下自己心存感激的一些事情。找一张总是会让你不由自主微笑的图片，并把它设为屏保，或者是随心做一件善事。最重要的是，关闭消极的自我对话，用自己所拥有的所有美好品质打开头脑中的录音带！

成功自测

☑ 列举五种有助于改变行为的策略。

改变行为需要多长时间

每个人都希望能立竿见影、吹糠见米。但是研究已经表明，每个人都是独一无二的，要改变某种行为需要花费 3 周到 1 年的时间不等。这是因为在行为变化的过程中，真正的身体变化需要发生在大脑中。这些变化取决于几个因素。

- 这种不健康行为已经持续多久了。你久坐不动的习惯保持了 3 年还是 25 年？
- 这种不健康行为的频率。你是只在周末抽烟还是一天一包？
- 改变行为的好处。你是否正在放弃每周二晚上与朋友敞开肚皮吃鸡翅的习惯，而把那一天用来做锻炼？

你准备做出的新选择需要反复出现，被强化数月的时间，然后你的大脑才能够重装电线，建立起新的健康习惯代替原来的旧习惯。所以你的注意力不应当放在截止日期上，例如 30 天、6 个月或者 1 年；相反，你应当关注改变这种行为的每日进度。每次只关注一天甚至半天的行为变化。最终你的新行为累加成数天、数周、数月，这会给你的大脑足够多的时间进行重新装线。

保持动力

每年一月，大家纷纷许下诺言，承诺自己会更加积极向上，选择更健康的食品，你多半也曾有过这样雄心勃勃的经历。但是等到二月过去，情况又如何呢？或者你可能会因为同学聚会、参加一场婚礼而获得了保持体形的动力，但是一切结束后，你又会故态复萌，继续原来的不健康行为。如何才能保持充足的动力，直至你的新行为成为你的生活习惯？

首先，同时也是最重要的一点，能够给你动力的唯一一个人就是你自己！动机是一种想要采取某种行为的内在欲望和意愿，并且每个人都各不相同。它可强可弱，在一生中可能会因为周围的环境而不断发生变化。尽管其他人可能会影响或者激励你，但是你仍然是唯一一个能够激励自己的人。如果你不想做某件事情，没有人可以强迫你做。

其次，人无完人，并且你需要意识到犯错不仅很常见，而且不可避免，所以不要再坚持要么全有、要么全无的极端态度。犯错就意味着是时候停下脚步，弄清楚哪种策略对你无效，并提出新的策略了。不要关注自己曾经做过或者没有做过的不健康行为，而应当把注意力集中到下一次处于同样的环境中你能怎么做。一天一次，循序渐进。

预防复发

失误就意味着你某一次，甚至是某几次出现了疏忽。当你的行为中出现过几次失误，就可能会导致故态复萌，即你又重新恢复了原来的不健康行为。这种情况远比你想象的更加普遍。旧病复发时，你可能会给自己贴上失败的标签，或者为遭遇到的挫折而自责不已。以下的这些说法是不是听起来很耳熟呢？

- 你在吃自助餐时吃多了，而且吃了很多不健康食品。然后你就允许自己在本周内可以吃不健康食品，因为反正你已经破过一次例了。
- 你由于感冒而错过了1周的锻炼，但是却长达1个月不进健身房。再说了，天气很冷，而你最喜欢的电视连续剧也开始播出了。
- 在你乘船去加勒比海游览的2周时间内，你的体重飙升了8磅，并且意识到再次减肥将会非常痛苦。所以你就放弃了自己曾经许下的诺言。

如果你正处于复发阶段，首先要明白这种情况是非常普遍的。你可能会产生挫败感，对自己的行为非常失望，但是知道如何恢复才更加重要。你首先要做的第一件事就是制订一个让自己重回正轨的计划。研究已经证明，为了始终保持在维持阶段，即健康的饮食和锻炼就是你的生活方式，当你遭遇旧病复发，你一定要清楚该怎么做。

首先，你应该弄清楚是什么导致了这种行为。是疾病还是一次长假让你脱离了轨道？也许你的日程安排表过满，无法再容纳定期的常规训练。要辨明导致旧病复发的原因。

其次，你需要学会等到下一次发生类似事情时如何克服。下一次当你计划去吃自助餐、生病或者外出度假时，一定要有一个行为计划。例如，下次你去吃自助餐时，一定要坚持"一个盘子"准则：尽可能地把盘子装满，不要再回去拿第二次。或者外出度假时，一定要有一个吃健康早餐和午餐的计划，然后晚餐时不再大快朵颐。这样你不会觉得被剥夺了什么，也不会灰心丧气。

第三，要清楚并且意识到这一点，即搞砸一次并不能说明你就失败了。它可以帮助你提醒自己不要忘记自己为取得今天的成就所付出的努力，并且你不会对自己的成就视而不见。学会当下次面临同样的境况时自己能够做出怎样的改变，不管这种改变是什么。

最后，立即回归正轨。不要等到周一到来或者明天。如果你下午时犯了错，没有抵制住糖果的诱惑，那么这件事就一笔勾销，回归正轨。不要把这当成一个借口，在这一天余下的时间内一直大吃糖果以及其他不健康食品，相反，你需要继续遵循自己制订的健康饮食计划。如果你因为感冒而耽误了一周的锻炼，那你就要清楚，在一周时间内你的体成分就会发生变化，要尽快做好回归计划。

成功自测

☑ 说一下当你出现失误或是再次失误时该怎么办。

行为变化小结

请记住，健身是一种生活方式，包括健康饮食和定期锻炼。健康不能一蹴而就，而且成功、实现目标与意志力的关系不大，但是却与行为改变有关。

要学会如何改变行为就要清楚自己所处的位置，确定引发失误的触发器，并且使用避免你偏离轨道、保持动力的策略。为接下来的 24 小时、一周或者一个月制订一个行为计划，而它将成为你通往成功的路线图。永远不要忘记，能够改变你的只有你自己。

在迈出下一步之前

1. 你是否弄清楚了自己目前所处的行为阶段？
2. 你是否知道改变行为的步骤？
3. 至少列出六种能够帮助你改变自己行为的策略。
4. 说出三种能够避免再次犯错的方法。

健康评估表

体能测试 # _____   日期 _____

体检		
年龄	血压	脉搏
体重	身高	脂肪（%）
脂肪重（磅）	瘦体重	体重指数

身体围度	
肩围	胸围
腰围	臀围
大腿围	臂围

姿势	
正面图	侧面图
双耳等高	下巴与地面保持平行
双肩等高	耳朵与肩部在一条直线上
双髋等高	肩关节未向前卷曲
双臂与身体两侧间距离相等	挺胸
双臂置于身体两侧，掌心向前	上背部略微弯曲
脚趾略向外指	膝关节位于踝关节正上方

体质测试	
平衡力	
右腿 秒	左腿 秒
坐墙	
成绩	等级
俯卧撑测试	
成绩	等级
卷腹测试	
成绩	等级
有氧运动测试	
成绩	等级

合格 / 不合格			柔韧性测试		
颈部前屈	合格	不合格	肩关节可移动性（左侧）	合格	不合格
左腿股四头肌	合格	不合格	肩关节屈曲（右侧）	合格	不合格
右腿股四头肌	合格	不合格	肩关节屈曲（左侧）	合格	不合格
下背部	合格	不合格	肩关节外展（右侧）	合格	不合格
右侧腘绳肌	合格	不合格	肩关节外展（左侧）	合格	不合格
左侧腘绳肌	合格	不合格	髋屈肌（右侧）	合格	不合格
右小腿	合格	不合格	髋屈肌（左侧）	合格	不合格
左小腿	合格	不合格	躯干旋转（右侧）	合格	不合格
肩关节可移动性（右侧）	合格	不合格	躯干旋转（左侧）	合格	不合格

关于作者

南希·L.纳特尼古拉曾先后获得佛蒙特州立大学体育与健康教师教育专业理学学士学位以及西弗吉尼亚大学（WVU）体育教师教育专业硕士学位。她是西弗吉尼亚大学体育运动和体育科学学院（CPASS）运动健身方面的负责人。南希不仅亲自编写了健身教程，而且还担任了"终生运动项目"（Lifetime Activities Program）的健身课程讲师。另外，她还负责两门选修课"私人教练"和"群体健身"的教学和审查工作以及"基本理论课程"的教学。

纳特尼古拉目前管理着西弗吉尼亚大学的斯坦斯伯里健身中心，具体负责个人培训与锻炼工作。她也有国家认证的资格证书，是经过认证的体育教育方面的K-12（译注：从幼儿园到12年级的儿童教育）教师。她同时也是6～12年级的注册健康师。纳特尼古拉是美国运动协会的会员兼培训师，这个协会多年来一直为东海岸提供继续教育课程，另外她还是考试发展协会的成员。

纳特尼古拉也是一位国际健身教练，肩负着墨西哥、巴哈马群岛、牙买加、多米尼加共和国和库拉索岛 Fitness Pro Travel 教学工作。到目前为止，她已经教授过超过15种的群体健身课程，包括踏步、跆拳道、健身瑜伽、垫上普拉提、运动调理、高低冲击力健身操、Hip Hop 街舞健身操以及新兵训练营瘦身操等。

她是 Wellness Task Force 联盟主席，同时也是西弗吉尼亚大学体育运动和体育科学学院的员工健康协调员。除此之外，南希还是美国红十字会的教练，西弗吉尼亚州健康、体育教育、娱乐与舞蹈协会（WVAHPERD）会员。

她享受一切活动和运动，信奉"生命在于运动"。

行为变化

你已经达到了这一点——试着改变自己的行为，不管这是新旅程开始，比如健康饮食或者开始健身；还是尝试停止不健康的行为——吸烟、吃不健康的食品或者老是待在电视机前。你可能曾经试图用意志力来做到这一点，也许还不止失败过一次。或者你白天的时候可以很好地坚持食用健康食品，但是等你回到家、坐到电视机前就把健康饮食完全抛之脑后。你怎样做到不仅改变自己的行为，同时也能够使新的行为成为你生活方式的一部分？

首先你需要弄明白变化的阶段以及自己正处于哪个阶段中。然后你将会学习到改变行为的策略，以及如何将这些策略运用到实践中去。虽然这并不是件简单的事情，但是你为改变行为所投入的时间和精力最终都会得到回报。

求变意愿

你可能迫切地想要减肥或进行第一次 5000 米赛跑，但是你真的准备好了吗？你确定能够找到如何坚持健康饮食、定期进行训练的方式吗？这里一共有五个变化阶段，弄清楚自己正处于哪个阶段将会帮助你成功进入下一阶段，从而实现自己的健康和健身目标。

未考虑阶段

如果你正处于这一阶段，那么在接下来的 6 个月里你没有任何开始新的健康行为的打算。你认为自己没有任何问题，或者认为自己对存在的问题无能为力。你可能拒绝接受现实或是完全无视问题，并且没有做好改变的准备。以下的这些注解是否正是你心中所想？

- 我真的不胖；我只是骨架大而已。
- 我不能做运动，因为我的膝盖不好。
- 我一直都很胖，这是我的肥胖基因决定的。
- 我不需要做有氧运动，因为我没有超重。

如果你意识到自己正处于未考虑阶段的话，鼓励你了解一下自己行为的风险。

刚开始时你可以试着问下列问题：当你的身体超重时，健康状况会受到怎样的影响？如果你不运动的话，心脏会发生什么问题？基因如何影响着你的身体成分？你需要在这一阶段进行自我剖析。

意向阶段

如果你处于这一阶段，你就会意识到做出改变对你是有益的，但是你同时会看到一些障碍，阻止你改变的脚步。大部分人都处于这一阶段，它可以持续数月甚至数年时间。你可能会产生一种矛盾的感觉，认为自己必须放弃一些东西，而不是获得一些有益的东西，所以你会不断地放弃。在这一阶段，你已经准备好在接下来的 6 个月做出改变了。以下的这些注解是否与你目前的想法类似呢？

- 如果我做运动的话身体会更加健康，但是我没时间。
- 自己动手做饭要比买快餐更省钱、更健康，不过我讨厌去杂货店，也不喜欢做饭，再说我也没时间。
- 在健身房交了月费会导致我购置新衣的预算降低。
- 我刚刚开始一份新工作，我要等到稳定下来才能开始健身。

如果你处于意向阶段，那么衡量一下利弊得失会很有帮助。弄清楚阻止自己开始健身或者开始健康饮食的障碍是什么，并找出够消除这些障碍的方式。

准备阶段

在这一阶段，你将会获得一些有关自己想要进行改变的信息，并且开始采取一些小步骤不断前行；你已经准备好了。在接下来的一个月内，你将会采取行动。

- 你购买健身运动鞋，并且每天留出 30 分钟进行走路锻炼。
- 你告诉家人和朋友自己准备减肥。
- 你确认了在健身房上瑜伽课和自行车课程的时间。
- 你制作了一个需要购买的健康食品的购物清单，并列举了手头现有的健康食品。

如果你处于准备阶段，那么你就相当于在准备一个行动计划，包括写下你的目标或是在时间安排表中留出去健身房的时间。

行动阶段

在行动阶段，你需要直接采取行动。在过去的 6 个月，你通过健康饮食或者做运动已经改变了自己的行为，但是你还需要更加努力，继续在这条道路上前行。在这一阶段，你会时不时地想回到自己的老路上。这 6 个月是转变行为最关键的时期，因为在这个阶段很容易产生放弃的念头，并且毫无疑问，你一定会有故态